KB204328

清涼國師華嚴經疏鈔

현수품 ①

청량국사화엄경소초

32

청량징관 찬술 · 관허수진 현토역주

운주사

천이백 년 침묵의 역사를 깨고

오늘도 나는 여전히 거제만을 바라본다.

겹겹이 조종하는 산들

산자락 사이 실가닥 저잣길을 지나 낙동강의 시린 눈빛

그 너머 미동도 없는 평온의 물결 저 거제만을 바라본다.

십오 년 전 그날 아침을 그리며 말이다.

나는 2006년 1월 10일 은해사 운부암을 다녀왔다.

그리고 그날 밤 열한 시 대적광전에서 평소에 꿈꾸어 왔던『청량국사 화엄경소초』완역의 무장무애를 지심으로 발원하고 번역에 착수하였다.

나의 가냘픈 지혜와 미약한 지견으로 부처님의 비단과도 같은 화장 세계에 청량국사의 화려하게 수놓은 소초의 꽃을 피워내는 긴 여정을 시작한 것이다.

화엄은 바다였고 수미산이었다.

그 바다에는 부처님의 용이 살고 있었고

그 산에는 부처님의 코끼리가 노닐고 있었다.

예쁘게 단장한 청량국사 소초의 꽃잎에는 부처님의 생명이 태동하고 있었고,

겁외의 연꽃 밭에는 영원히 지지 않는 일승의 꽃이 향기를 뿜어내고

있었다.

그 바다 그 산 그리고 그 꽃밭에서 10년 7개월(구체적으로는 2006년
1월 10일부터 2016년 8월 1일까지) 동안 자유롭게 노닐었다.
때로는 산 넘고 강 건너 협곡을 지나고
때로는 은하수 별빛 따라 오작교도 다니었다.
삼경 오경의 그 영롱한 밤
숨쉬기조차 미안한 고요의 숭고함
그 시공은 영원한 나의 역경의 놀이터였다.

애시당초 이 작업은 세계 인문학의 자존심
내가 살아 숨쉬는 이 나라 대한민국 그리고 불교의 자존심에 기인한
것이다.
일찍이 그 누가 이 청량국사의 『화엄경소초』를 완역하였다면 나는
이 작업을 하지 않았을 것이다.
지금도 여전히 완역자는 없다.
더욱이 이 『청량국사화엄경소초』의 유일한 안내자 인악스님의 『잡
화기』와 연담스님의 『유망기』도 그 누가 번역한 사실이 없다.
그러나 내 손안에 있는 두 분의 『사기』는 모두 다 번역하여 주석으로
정리하였다.

이 청량국사 화엄경의 소는 초를 판독하지 않으면 알 수가 없다.
그래서 그 이름을 구체적으로 대방광불화엄경수소연의초大方廣佛華
嚴經隨疏演義鈔라 한 것이다.

즉 대방광불화엄경의 소문을 따라 그 뜻을 강연한 초안의 글이라는
것이다.
청량국사는 『화엄경』의 소문을 4년(혹은 5년) 쓰시되 2년차부터는
소문과 초문을 함께 써서 완성하시고 5년차부터 8년 동안 초문을
쓰셨다.
따라서 그 소문의 양은 초문에 비하면 겨우 삼분의 일에 지나지
않는다 할 것이다.

나는 1976년 해인사 강원에서 처음 『청량국사화엄경소초 현담』
여덟 권을 독파하였고,
1981년부터 3년간 금산사 화엄학림에서 『청량국사화엄경소초』를
독파하였다.
그때 이미 현토와 역주까지 최초 번역의 도면을 완성하였고,
당시에 아쉽게 독파하지 못한 십정품에서 입법계품까지의 소초는
1984년 이후 수선 안거시절 해제 때마다 독파하여 모두 정리하였다.

그러나 번역의 기연이 맞지 않아 미루다가 해인사 강주시절 잠시
번역에 착수하였으나 역시 기연이 맞지 않아 미루었다.
그리고 드디어 2006년 1월 10일 번역에 착수하여 2016년 8월 1일
십만 매 원고로 완역 탈고하고, 2020년 봄날 시공을 초월한 사상
초유 『청량국사화엄경소초』가 1,200년 침묵의 역사를 깨고 이 세상
에 처음 눈을 뜨게 된 것이다.

8

번역의 순서는 먼저 입법계품의 소초, 다음에는 세주묘엄품 소초에
서 이세간품 소초까지, 마지막으로 소초 현담을 번역하였다.
번역의 형식은 직역으로 한 글자도 빠뜨리지 않고 번역하였다.
따라서 어색하게 느껴지는 곳도 있을 것이다.
예를 들면 소所 자를 "바"라 하고, 지之 자를 지시대명사로 "이것,
저것"이라 하고, 이而 자를 "그러나"로 번역한 등이 그렇다.
판본은 징광사로부터 태동한 영각사본을 뿌리로 하였고, 대만에서
나온 본과 인악스님의 『잡화기』와 연담스님의 『유망기』와 또 다른
사기 『잡화부』(잡화부는 검자권부터 광자권까지 8권만 있다)를 대조하
여 번역하였다.

앞에서 이미 말한 것처럼, 그 누가 청량국사의 『화엄경소초』를
완역한 적이 있었다면 나는 이 번역에 착수하지 않았을 것이다.
지금까지 이 황금보옥黃金寶玉의 『청량국사화엄경소초』가 번역되
지 아니한 것은 나에게 주어진 시대적 사명이고 역사적 명령이라
생각한다.
나는 이 『청량국사화엄경소초』의 완역으로 불조의 은혜를 갚고
청량국사와 은사이신 문성노사 그리고 나를 낳아준 부모의 은혜를
일분 갚는다 여길 것이다.

끝으로 이 『청량국사화엄경소초』가 1,200년의 시간을 지나 이 세상
에 눈뜨기까지 나와 인연한 모든 사람들 그리고 영산거사 가족과
김시열 거사님께 원력의 보살이라 찬언讚言하며, 나의 미약한 번역

으로 선지자의 안목을 의심케 할까 염려한다.

마지막 희망이 있다면 이『청량국사화엄경소초』의 완역 출판으로 청량국사에 대한 더욱 깊고 넓은 연구와『화엄경』에 대한 더욱 다양한 연구가 이루어지기를 바라는 것뿐이다.

장세토록 구안자의 자비와 질책을 기다리며 고개 들어 다시 저 멀리 거제만을 바라본다.

여전히 변함없는 저 거제만을.

2016년 8월 1일 절필시에 게송을 그리며

長廣大說無一字 장광대설무일자
無碍眞理亦無義 무애진리역무의
能所兩詮雙忘時 능소양전쌍망시
劫外一經常放光 겁외일경상방광

화엄경의 장대한 광장설에는 한 글자도 없고
화엄경의 걸림없는 진리에는 또한 한 뜻도 없다.
능전의 문자와 소전의 뜻을 함께 잊은 때에
시공을 초월한 경전 하나 영원히 광명을 놓누나.

불기 2567년 음력 1월 10일 최초 완역장
승학산 해인정사 관허 수진

대방광불화엄경수소연의초 제십사권의 이권

大方廣佛華嚴經隨疏演義鈔 第十四卷之二卷

우진국 삼장사문 실차난타 번역
청량산 대화엄사 사문 징관 찬술
대한민국 조계종 사문 수진 현토역주

현수품 제십이의 일권
賢首品 第十二之一卷

疏

初來意者는 夫行不虛設이라 必有其德이니 旣解行圓妙인댄 必勝
德難思리라 收前行願하야 成信德用일새 故次來也니라 又前智首
가 擧果徵因에 文殊가 廣顯其因하고 略標其果云호대 獲一切勝妙
功德일새 故問賢首하야 令廣斯言케하나니 是以偈初에 躡前起後
니라

처음에 이 품이 여기에 온 뜻은 대저 행을 허망하게 설립한 것이
아니라 반드시 그 공덕[1]에 있는 것이니,
이미 해解와 행行이 원만하고 묘하다면 반드시 수승한 공덕을 사의하
기 어려울 것이다.
앞[2]의 행원을 거두어 믿음의 공덕과 작용을 성립하기에 그런 까닭으
로 다음에 이 품이 여기에 온 것이다.

---

1 원문에 덕德이란, 앞(前)의 문명품問明品은 해解, 앞(前)의 정행품淨行品은 행行,
  여기(此)의 현수품賢首品은 덕德이다.
2 앞(前)이란, 정행품淨行品이다.

또 앞 품에서는 지수보살이 과보를 들어 원인을 물음에 문수보살이
널리 그 원인을 나타내고 간략하게 그 과보를 표하여 말하기를
일체 수승하고 묘한 공덕을 얻는다 하였기에 그런 까닭으로 현수보
살에게 물어 하여금[3] 이 말을 광설케 하나니,
이런 까닭으로 게송 초두에 앞의 말을 밟아 뒤에 말을 일으키는
것이다.

鈔

夫行不虛設者는 此有二來意하니 初對前行하야 以成今德이요 後에
又前智首下는 廣前所成之德일새 故次來也니라

대저 행을 허망하게 설립한 것이 아니라고 한 것은 여기에 두 가지
온 뜻이 있나니,
처음에는 앞의 행을 상대하여 지금에 공덕을 성립하는 것이요
뒤에 또 앞 품에서는 지수보살이라고 한 아래는 앞에서 이룰 바
공덕을 광설하였기에 그런 까닭으로 다음에 여기에 온 것이다.

疏

二釋名者는 謂體性至順하야 調善曰賢이요 吉祥勝德이 超絶名
首니 卽以此名菩薩로 演說此法이라 賢卽是首일새 賢首之品이니

---

3 슈은 令 자의 잘못이라 고쳐 번역하였다.

以當賢位之初하야 攝諸德故로 偏擧賢名이라

두 번째 품의 이름을 해석한 것은 말하자면 체성이 지극히 순하여
고르고 착한 것을 현賢이라 하고, 길상의 수승한 공덕이 뛰어나
상대를 끊은 것을 수首라 이름하나니,
곧 이 현수라는 이름의 보살로 이 법을 연설하는 것이다.
어질고 순한(賢) 것이 곧 으뜸(首)이기에 현수의 품이니,
삼현위三賢位의 초두에 당하여[4] 모든 공덕(德)을 섭수하는 까닭으로
치우쳐 현수라는 이름을 들어 말한 것이다.

疏

三宗趣者는 於信門中에 成普賢行德하야 而自在莊嚴하며 無方
大用으로 建立衆生하며 通貫始終하야 該攝諸位로 以爲其宗하고
令起圓融信行하야 成位德用으로 而爲意趣하니라

세 번째 종취는 십신문 가운데 보현의 행덕을 성취하여 자재로
장엄하며,
방소 없는 큰 작용으로 중생을 건립하며,
처음과 끝을 관통하여 모든 지위를 갖추어 섭수함으로 그 종宗을

---

4 삼현위三賢位의 초두에 당하여 운운한 것은 방해함을 통석한 것이니, 방해하여
말하기를 이미 이 신문信門이 모든 지위의 공덕을 통섭한다면 어떻게 다만
현수의 품이라고만 이름하는가. 답한 뜻은 곧 가히 알 수 있을 것이다. 이상은
다 『잡화기』의 말이다.

삼고,

하여금 원융한 믿음과 행을 일으켜 지위와 공덕과 작용을 성취케
함으로 의취를 삼는 것이다.

鈔

令起圓融信行等者는 天台智者가 依此一品하야 立圓頓止觀하니 止
觀第一云호대 此菩薩이 聞圓法하고 起圓信하며 立圓行하며 住圓位
하야 以圓功德으로 而自莊嚴하고 以圓力用으로 建立衆生이라하니 今
宗卽圓法이라 意趣有五하니 一은 信이니 卽起圓信이요 二는 行이요
三은 位요 四는 德이요 五는 用이니 皆以上圓融으로 貫之니라 彼釋聞
法云호대 謂聞生死卽法身이며 煩惱卽般若며 結業卽解脫이라 雖有
三名이나 而無三體하고 雖是一體나 而立三名이니 是三卽一相으로
其實無有異니라 法身究竟일새 般若解脫도 亦究竟이며 般若淸淨일
새 餘亦淸淨이며 解脫自在일새 餘亦自在니 聞一切法도 亦復如是호
미 是名聞圓法이니라 云何起圓信고 信一切法이 卽空卽假卽中으로
無一二三이나 而一二三이라 無一二三은 是遮一二三이요 而一二三
은 是照一二三이어니와 無遮無照면 直入中道하야 皆究竟淸淨自在
니 聞深不怖하며 聞廣不疑하며 聞非深非廣하고 意而有勇호미 是名
圓信이니라 云何行圓行고 一向專求無上菩提하고 不餘趣向하며 三
諦圓修하야 不爲無邊所寂하고 不爲有邊所動하야 不動不寂하야 直
入中道호미 是名圓行이라하니라 其位德用之圓은 全引今經이니 若
自取當經인댄 聞圓은 卽聞上同時具足等의 十種玄門과 及依正無

礙等이요 依此起信은 卽是圓信이라 其圓行等은 並廣如前說하니라
今此一品은 多廣圓德用耳니라

하여금 원융한 믿음과 행을 일으킨다고 한 등은 천태지자스님께서
이 한 품을 의지하여 원돈지관圓頓止觀을 세웠으니,
지관 제일에 말하기를 이 보살이 원융한 법을 듣고 원융한 믿음을
일으키며 원융한 행을 세우며 원융한 지위에 머물러 원융한 공덕으
로써 스스로 장엄하고 원융한 역용力用으로써 중생을 건립한다 하였
으니,
지금에 종 삼는 것은 곧 원융한 법이다.

의취意趣에 다섯 가지가 있나니
첫 번째는 믿음이니
곧 원융한 믿음을 일으키는 것이요
두 번째는 행이요
세 번째는 지위요
네 번째는 공덕이요
다섯 번째는 역용이니
다 위에 원융으로써 관통하였다.[5]
저 지관止觀에 법문 듣는 것을 해석하여 말하기를, 말하자면 생사가

---

5 원문에 원융관지圓融貫之라고 한 것은 즉 원융한 행行이요, 원융한 지위요,
 원융한 공덕이요, 원융한 역용이라는 것이다.

곧 법신이며 번뇌가 곧 반야이며 번뇌(結)의 업이 곧 해탈이라고
함을 듣는 것이다.

비록 세 가지 이름이 있지만 자체는 세 가지가 없고, 비록 자체는
하나이지만 세 가지 이름을 세운 것이니,

이것은 세 가지가 곧 한 모습으로 그 실체는 다름이 없는 것이다.

법신이 구경이기에 반야와 해탈도 또한 구경이며,

반야가 청정하기에 나머지도 또한 청정하며,

해탈이 자재하기에 나머지도 또한 자재하나니,

일체 법문을 듣는 것도 또한 다시 이와 같이 하는 것이 이 이름이
원융한 법문을 듣는 것이다.

어떤 것이 원만한 믿음을 일으키는 것인가.

일체법이 곧 공이며 곧 거짓(假)이며 곧 중도로서 일一·이二·삼三이
없지만 일·이·삼이 있음을 믿을 것이다.

일·이·삼이 없다고 한 것은 이것은 일·이·삼을 막는 것이요
일·이·삼이 있다고 한 것은 이것은 일·이·삼을 비추는 것이어니와,
막음도 없고 비춤도 없으면 바로 중도에 들어가 다 구경이 되고
청정이 되고 자재가 되나니

깊은 법문을 듣고 두려워하지 아니하며, 넓은 법문을 듣고 의심하지
아니하며, 깊지도 않고 넓지도 않는 법문을 듣고 마음에 용맹한
생각이 있는 것이 이것이 이름이 원융한 믿음을 일으키는 것이다.

어떤 것이 원융한 행을 행하는 것인가.

한결같이 오로지 무상보리만을 구하고 그 밖에 나머지에는 취향하지 아니하며, 삼제를 원융하게 닦아 무변無邊의 적멸하는 바가 되지 아니하고 유변有邊의 동요하는 바가 되지 아니하여 동요하지도 않고 적멸하지도 않아 바로 그 중도에 들어가는 것이 이 이름이 원융한 행을 행하는 것이다 하였다.

그 지위와 공덕과 역용力用의 원융함은 온전히 지금 『화엄경』에서 인용하였으니,

만약 스스로 당경當經을 취한다면 원융한 법문을 듣는 것은 곧 위에 동시구족상응문6 등 열 가지 현문玄門과 그리고 의보와 정보가 걸림이 없다는 것 등을 듣는 것이요

이것7을 의지하여 믿음을 일으키는 것은 곧 원융한 믿음을 일으키는 것이다.

그 원융한 행위8라고 한 등은 아울러 폭넓게 앞에서 말한 것과 같다.9 지금에 이 한 품은 다분히 원만한 공덕과 역용만을 광설하였을 뿐이다.

---

6 위에 동시구족상응문이라고 한 것은 가까이는 십구十句의 과과에 답한 문장을 가리키고 멀리는 초회의 경문을 겸하여 가리키고 있는 것이니, 저 가운데 말한 바가 다 십현문 등을 갖추고 있는 까닭이다. 이상은 『잡화기』의 말이다.

7 이것이란, 십현문十玄門 등이다.

8 원문에 기원융행其圓融行이라고 한 것은 일행일체행상一行一切行相이다.

9 원문에 병광여전설並廣如前說이라고 한 것은 『현담玄談』을 가리키고 있다.

經

爾時에 文殊師利菩薩이 說無濁亂淸淨行의 大功德已하고 欲顯
示菩提心功德故로 以偈問賢首菩薩曰호대

그때에 문수사리 보살이 탁하고 산란함이 없는 청정한 행의 큰
공덕을 설하여 마치고 보리심의 공덕을 현시하고자 한 까닭으로
게송으로써 현수보살에게 물어 말하기를

疏

四釋文者에 文有三分하니 初는 文殊發起요 次는 賢首廣說이요
三은 十方現證이라 今初分二리니 初는 經家敘述이요 二는 正明發
起니 二段에 各有結前生後라 今初에 先은 結前已說이니 順違皆
順에 客塵이 不能濁其心하고 悲智雙游에 萬境이 不能亂其慮를
是曰淸淨行矣니라 大功德者는 卽前所成之果니라 後에 欲顯示
下는 生後라 文含始終이니 約終인댄 則顯示信滿菩提心의 殊勝功
德이 廣具五位의 因行盡故요 約始인댄 但於生死에 誓證菩提에
萬德攸依일새 故今顯示니라

네 번째 경문을 해석함에 문장이 삼분三分이 있나니
처음에는 문수보살이 물음을 일으킨 것이요
다음[10]에는 현수보살이 폭넓게 설한 것이요
세 번째는 시방의 모든 부처님이 나타나 증명한 것이다.[11]

지금은 처음으로 두 가지로 나누니니

처음에는 경가經家가 서술한 것이요

두 번째는 바로 물음을 일으킨 것을 밝힌 것이니

두 단(二段)에 각각 앞의 말을 맺고 뒤에 말을 일으키는(結前生後) 것이 있다.

지금은 처음으로 먼저는 앞에 이미 말한 것을 맺는 것이니 따르고 어기는 것이 다 따르매 객진 번뇌가 능히 그 마음을 혼탁하게 못하고 자비와 지혜를 함께 유행함에 만 가지 경계가 능히 그 마음을 산란하게 못하는 것을 이에 청정한 행위라 말하는 것이다.

큰 공덕이라고 한 것은 곧 앞에서 이룬 바 과보[12]이다.

뒤에 보리심의 공덕을 현시하고자 한다고 한 아래는 뒤에 말을 일으키는 것이다.

문장이 처음과 끝을 포함하고 있나니

끝을 잡는다면 곧 믿음이 만족한 보리심의 수승한 공덕이 널리 오위五位의 인행因行을 갖추어 다한 것을 현시한 까닭이요

처음을 잡는다면 다만 생사에서 보리를 증득하기를 서원함에 만덕이 의지하는 바가 되기에 그런 까닭으로 지금에 현시하는 것이다.

---

10 다음이란, 영인본 화엄 5책, p.218, 6행이다.
11 세 번째는 시방 운운은 영인본 화엄 5책, p.422, 9행에 十方諸佛은 普現其前하사 右手摩頂 운운한 것이니 이 현수품이 끝날 즈음의 마지막 경문이다.
12 앞에서 이룬 바 과보는 정행품淨行品의 행行이다.

經

我今已爲諸菩薩하야 說佛往修淸淨行하니
仁亦當於此會中에　演暢修行勝功德하리다

내가 지금 이미 모든 보살을 위하여
부처님께서 지나간 옛날에 닦으신 청정한 행을 연설하였으니,
인자仁者[13]도 또한 마땅히 이 회중에서
부처님께서 수행한 수승한 공덕을 연창해야 할 것입니다.

疏

二는 偈라 正發起中에 前半結前이니 偈文窄故로 略無所成之德
이요 後半勸說이니 令說修行之德이라 則與長行으로 文有影略하
니라

두 번째는 게송이다.
바로 물음을 일으키는 가운데 앞에 반 게송[14]은 앞의 말을 맺는
것이니
게송의 문장이 좁은[15] 까닭으로 이룰 바 공덕이 생략되어 없고,[16]

---

13 인자仁者는 현수보살賢首菩薩이다.
14 앞에 반 게송(前半)은 청정행淸淨行까지이다.
15 窄이란, 글자가 적은 운韻을 착운窄韻이라 한다. 窄은 '좁을 착, 적을 착'
　자이다.

뒤에 반 게송¹⁷은 연설하기를 권한¹⁸ 것이니
하여금 수행한 공덕을 설하게 한 것이다.
곧 장행으로 더불어 문장이 그윽이 생략된 것이 있다.

鈔

則與長行等者는 長行起後는 但起發心이요 偈中起後는 但起修行이
니 故二處起後가 互爲影略이라 就結前中에 長行有大功德하고 無佛
往修하며 偈有往修하고 復闕功德하니 亦是影略이라

곧 장행으로 더불어라고 한 등은 장행에서 뒤의 말을 일으킨 것은
다만 발심만을 일으킨¹⁹ 것이요
게송 가운데서 뒤의 말을 일으킨 것은 다만 수행만을 일으킨²⁰ 것
이니,
그런 까닭으로 두 곳²¹에서 뒤의 말을 일으킨 것이 서로 그윽이

---

16 略無라고 한 것은 다만 청정행淸淨行만 말하고 이룰 바 공덕은 생략되어
  없다는 것이다.

17 원문에 후반後半은 인역仁亦 云云부터이다.

18 勸說이라 한 說 자는 소본에는 請 자이다.

19 원문에 단기발심但起發心이라고 한 것은 경문經文에 현시보리심공덕고顯示菩
  提心功德故라 한 것이다.

20 원문에 단기수행但起修行이라고 한 것은 경문經文에 연창수행승공덕演暢修行
  勝功德이라 한 것이다.

21 원문에 이처二處란, 장행문長行文과 게송문偈頌文이다.

생략되었다.

앞에 말을 맺는 가운데 나아감에 장행에는 큰 공덕만 있고 부처님께
서 지나간 옛날에 수행한 것은 없으며,
게송에는 지나간 옛날에 수행한 것만 있고 다시 큰 공덕이 빠졌으니
또한 그윽이 생략된 것이다.

經

爾時에 賢首菩薩이 以偈答曰호대

그때에 현수보살이 게송으로써 답하여 말하기를

疏

第二에 時賢首下는 賢首廣說이니 於中에 先總標擧라 以偈答者는
此略有二하니 一은 少言攝多義故요 二는 美詞讚說하야 令淨信故
니 以始德該終을 散說難盡故며 顯此勝妙之功德故니라

제 두 번째 그때에 현수보살이라고 한 아래는 현수보살이 폭넓게
설한 것이니
그 가운데 먼저는 한꺼번에 표하여 든 것이다.
게송으로써 답하였다고 한 것은 여기에 간략하게 두 가지 뜻이
있나니
첫 번째는 적은 말이 많은 뜻을 섭수하는 까닭이요
두 번째는 아름다운 말로 찬설하여 하여금 깨끗하게 믿게 하는
까닭이니,
처음에[22] 공덕이 마침의 공덕을 갖추는 것을 산문散文의 말로 다하기
어려운 까닭이며

---

22 처음 운운은 一에 소언섭다의少言攝多義이다.

이 수승하고[23] 묘한 공덕을 나타내는 까닭이다.

---

23 이 수승하고 운운은 二에 미사찬설영정신美詞讚說令淨信이다. 『잡화기』는
　　처음에 공덕이라고 한 구절은 처음에 뜻을 해설한 것이고, 이 수승하고
　　묘한 공덕이라 한 구절은 뒤에 뜻을 나타낸 것이다 하였다.

經

善哉仁者應諦聽하소서 彼諸功德不可量이나
我今隨力說少分하리니 猶如大海一滴水니다

거룩합니다, 인자여, 응당 자세히 들어보세요.
저 모든 공덕은 가히 헤아릴 수 없지만
저가 지금 힘을 따라 조금만 설하리니
비유하자면 큰 바다에 한 방울의 물과 같습니다.

疏

第二는 正顯偈詞니 有三百五十九頌半이라 大爲三分하리니 初에
四頌은 謙讚許說分이요 次에 三百四十六偈半은 正說勝德分이요
三에 九偈는 校量勸持分이라 初中分二리니 初偈總明이니 前半은
讚問勸修요 後半은 謙己少說이라 海喩는 次下當明하리라

제 두 번째는 바로 게송의 말을 나타낸 것이니,
삼백오십 아홉 게송 반이 있다.
크게 삼분으로 하리니
처음에 네 가지 게송은 겸손하게 문수를 찬탄하고 설하기를 허락한
분分이요
다음에 삼백사십 여섯 게송 반은 바로 수승한 공덕을 설한 분이요
세 번째 아홉 게송은 헤아려서 가지기를 권한 분이다.

처음 가운데 두 가지로 나누리니

처음에 게송은 한꺼번에 밝힌 것이니,

앞에 반 게송은 물은 것을 찬탄하고 듣기를 권한 것이요

뒤에 반 게송은 자기를 겸손하고 조금 설한 것이다.

바다에 대한 비유는 이 다음 아래에서 마땅히 밝히겠다.

經

若有菩薩初發心하야 誓求當證佛菩提인댄
彼之功德無邊際하야 不可稱量無與等거든

何況無量無邊劫에 具修地度諸功德이리요
十方一切諸如來가 悉共稱揚不能盡이니다

如是無邊大功德을 我今於中說少分하리니
譬如鳥足所履空하며 亦如大地一微塵이니다

만약 어떤 보살이라도 처음에 발심하여
서원코 마땅히 부처님의 깨달음을 증득하길 구하려고 한다면
저 공덕은 끝이 없어서
가히 이름할 수도 헤아릴 수도 없고 더불어 같을 수도 없거든

어찌 하물며 한량도 없고 끝도 없는 세월에
지위와 바라밀을 갖추어 닦는 공덕이겠습니까.
시방의 일체 모든 여래가
다 함께 칭양하여도 능히 다할 수 없습니다.

이와 같이 끝없는 큰 공덕을
저가 지금 그 가운데 조금만 설하리니
비유하자면 새발로 허공을 밟은 것과 같으며

또한 대지의 한 작은 티끌과 같습니다.

疏

後三開章이니 以發心之德으로 況出修行하야 巧顯深廣이라 於中
初偈는 擧發心章이요 次偈는 況出修行章이니 初心祈於當證하야
도 德已叵量커든 況長時入位遍修리요 故多佛이 不能盡說이라하
니라 後偈는 許說分齊니 前半法說이라 如是者는 雙指發心修行이
니 下文具顯故며 前文雙問故라 後半喩明이라 然有二意하니 一은
顯喩少分이니 謂發心行德은 如太空大地하고 所說者는 陜如足
履一塵이라 二는 密喩不異니 謂鳥足之空이 不異太空하고 微細之
塵이 不殊大地니라 故此略說이나 義無不周니 若廣若略이 皆無邊
故니라 出現品云호대 如鳥飛虛空하야 經於百年에 已經過處와 未
經過處를 皆不可量이니 何以故요 虛空無邊際故等이라하니 彼就
果行이요 此就因德이라 然이나 普賢行德은 似同佛果일새 是故로
皆以虛空爲量이니 上下文中에도 皆同此說하니라

뒤에 세 가지 게송은 문장을 연 것이니,
발심한 공덕으로써 수행을 비황比況하여 설출하여 방편으로 깊고도
넓은 것을 나타낸 것이다.[24]

---

[24] 방편으로 깊고도 넓은 것을 나타낸다고 한 것은 여기서 말한 세 가지 게송에
통하는 것이니 넓다고 한 것은 곧 그 문장을 나타낸 것이고, 깊다고 한
것은 곧 이 공덕이 낱낱이 자성에 칭합하는 까닭이라고 『잡화기』는 말한다.

그 가운데 처음에 게송은 발심을 거론한 문장이요

다음에 게송은 수행을 비황하여 설출한 문장이니,

처음 발심하여 마땅히 증득하기를 기원하여도 그 공덕은 이미 헤아

릴 수 없거든 하물며 장시간 지위에 들어가 두루 수행함이겠는가.

그런 까닭으로 수많은 부처님이 설하여도 능히 다 설할 수 없다

한 것이다.

뒤에 게송은 설할 경계를 허락한 것이니

앞에 반 게송은 법으로 설한 것이다.

이와 같다고 한 것은 발심과 수행[25]을 함께 가리킨 것이니

아래 문장에서 갖추어 나타낸 까닭이며 앞[26]에 문장에서 함께 물은

까닭이다.

뒤에 반 게송은 비유로 밝힌 것이다.

그러나 두 가지 뜻이 있나니

첫 번째는 비유로 조금만 나타낸 것이니,

말하자면 발심과 공덕은 큰 허공과 대지와 같고 설할 바는 좁기로는

새발로 밟는 것과 한 티끌과 같다.

두 번째는 다르지 아니함을 은밀하게 비유한 것이니,

말하자면 새발의 허공이 큰 허공과 다르지 않고 작은 티끌이 대지와

다르지 않는 것이다.

그런 까닭으로 여기에서는 간략하게 설하였지만 뜻은 두루하지

---

25 수행이라 한 아래에 소본에는 이장二章이라는 말이 있다.

26 앞이라고 한 것은 영인본 화엄 5책, p.217, 7행이다.

아니함이 없나니,

혹 폭넓게 설하고 혹 간략하게 설한 것이 다 끝이 없는 까닭이다.

출연품에 말하기를[27] 마치 새가 허공을 날아 백년을 경과함에 이미 경과한 곳과 아직 경과하지 않은 곳을 다 가히 헤아릴 수 없는 것과 같나니, 무슨 까닭인가. 허공은[28] 끝이 없는 까닭이다 한 등이라 하였으니

저 출현품은 과행果行에 나아가 말한 것이요,

여기서는 인덕因德에 나아가 설한 것이다.

그러나 보현의 행덕은 불과와 같기에 이런 까닭으로 다 허공으로써 분량을 삼은 것이니,

상·하의 경문 가운데도 다 여기에서 설한 것과 같다.

鈔

後三開章下는 此段有二하니 先은 正釋經文이라

뒤에 세 가지 게송은 문장을 연 것이라고 한 아래는 이 단段에 두 가지 뜻이 있나니,

먼저는 바로 경문을 해석한 것이다.

---

27 운云이라는 글자 아래에 출연품에는 비譬 자가 있다.
28 허공이라는 글자 아래에 출현품에는 계界 자가 있다.

疏

此初發心이 與下文의 十住初發心住와 及發心功德品으로 各何
別耶아 此中發心은 該於初後니 取其成德인댄 乃是信終이요 取其
爲本인댄 乃在初發이니 雖如輕毛나 功歸初簣故니라 十住初發은
卽是此終이 成彼初發이니 此終爲能發이요 彼是所發이라 此는 正
是發起之發이나 義兼開發이요 彼는 是開發之發이나 義兼發起이
며 其發心品은 正顯十住初心之功德耳니 以斯甄別인댄 非無有
異니라 故瓔珞云호대 發心住者는 是人始從具縛으로 未識三寶라
가 乃至値佛菩薩하야 敎法中에 起一念信하야 便發菩提心이라하
니 旣云始從凡夫로 最初發心인댄 明知하라 此中發心이 該於初後
니라

여기 십신에 초발심이 하문下文에 십주의 초발심주와 그리고 발심공
덕품으로 더불어 각각 어떻게 다른가.
이 가운데 발심은 처음과 뒤[29]를 갖추었나니
그것[30]이 공덕을 이룸을 취한다면 이에 십신의 종극이요
그것이 근본이 됨을 취한다면 이에 초발심에 있는 것이니
비록 가벼운 털끝 하나지만[31] 그 공덕은[32] 삼태기에 돌아가는 것과

---

29 처음과 뒤라고 한 것은 저 십신 가운데 처음 발심한 것이 처음이 되고 십신의
  만위滿位가 되고 뒤가 되는 것이라고 『잡화기』는 말한다.
30 그것이란, 발심發心을 말한다.
31 비록 가벼운 털 하나라고 한 등은 다만 처음 발심이 공덕에 칭합한다는

같은 까닭이다.

십주의 초발심은 곧 이 십신 가운데 발심의 종극이 저 십주의 초발심을 이루는 것이니,

이 십신 가운데 발심의 종극은 능발能發이 되고 저 십주의 초발심[33]은 소발所發이 되는 것이다.

이 십신 가운데 발심은[34] 바로 발기의 발發이지만 그 뜻은 개발開發을 겸하고 있고, 저 십주의 발심은 개발의 발發이지만 그 뜻은 발기發起를 겸하고 있으며

그 발심공덕품發心功德品은 바로 십주의 초발심 공덕만을 나타내고 있을 뿐이니,

이것으로써 살펴[35] 분별한다면 다름이 없지 않는 것이다.

뜻만 해석한 것이라고 『잡화기』는 말한다.

32 공덕이라고 한 덕德 자는 귀歸 자이다.

33 피시彼是라 한 彼 자 아래에 初 자가 있어야 한다.

34 이 십신 가운데 발심이라 한 등은 십신은 곧 범부의 발심을 따른 까닭으로 바로 발기의 발이라 말한 것이지만, 십주의 초발심을 바라봄에 개발이 되는 까닭으로 그 뜻은 개발을 겸하고 있다 말한 것이다.

십주는 곧 십신 가운데 발기를 나타내는 까닭으로 안으로 개발이라 말하고, 십주는 현위賢位의 시초가 되는 까닭으로 개발이라 말하는 것이다. 그러한 즉 처음 발심한 것은 발기가 되고, 그 발심의 종극은 개발이 됨을 나타낸다 하겠다. 그런 까닭으로 아래 초발심공덕품에 말하기를 상구上求의 마음을 발기한다 한 것은 뒤를 바라보고 발發을 논한 것이고, 삼덕을 개발한다 한 것은 앞을 바라보고 발發을 논한 것이다 하였다. 이상은 『잡화기』의 말이고 아래 초발심공덕품이라고 한 것은 세자권歲字卷 하권 2장에 있다.

35 甄은 '살필 견' 자이다.

그런 까닭으로 『영락경』에[36] 말하기를 발심주라고 하는 것은 이 사람이 처음 구박범부具縛凡夫[37]로 좇아 삼보를 알지 못하다가 내지 부처님과 보살을 만나 교법 가운데 한 생각 믿음을 일으켜 문득 보리심[38]을 일으킨다 하였으니

이미 말하기를 처음 범부로 좇아 최초로 발심하였다고 하였다면 분명히 알아라. 이 십신 가운데 발심이 처음과 뒤를 갖춘 것이다.

鈔

以此甄別者는 此中엔 異下二處之文이라 故纓絡云下는 證成發心이 通始義也라 彼經第二에 初釋經義云호대 佛子야 發心住者는 是人이 始從具縛凡夫로 未識三寶聖人하며 未識好惡하며 因之與果의 一切 不識하며 不解不知니라 佛子야 從不知로 始於凡夫地에 値佛菩薩하 야 敎法之中에 起一念信하야 便發菩薩心하나니 是人이 爾時住前에 名信相菩薩이며 亦名假名字菩薩이라 其人略行十心하나니 所謂信 心과 進心과 念心과 定心과 慧心과 戒心과 迴向心과 護法心과 捨心과 願心이라하시고 又云호대 佛子야 發心住는 是上進分의 善根人이라

---

36 『영락경』 운운은 다만 발심이 모두 한 가지 뜻이 됨을 증거한 것뿐이니 대개 저『영락경』은 곧 십주 가운데 십신을 섭수하여 잡고 따로 십신위를 밝히지 아니한 까닭으로 다만 십주 가운데 초발십주만 잡아 두 가지 뜻을 밝혔다. 그러나 소문에 인용한 바는 다 처음의 뜻에 통하거니와, 만약 뒤의 뜻에 통하는 것인즉 쉬운 까닭으로 인용하지 않는다. 다『잡화기』의 말이다.
37 구박具縛이란, 번뇌의 얽힘을 갖춘 범부이다.
38 보리심이라고 한 것은 곧 처음 일으킨 바 마음이라고『잡화기』는 말한다.

若一劫二劫으로 乃至一恒二恒佛所에 行十信心하면 信三寶常住等
이라하니라 明知此中發心이 該於初後者는 具縛未識하야 初發爲始
하야 而一劫二劫修行하야사 方得初住니 住前은 但名信相菩薩이라
하니 居然히 通始終也니라

이것으로써 살펴 분별한다고 한 것은 이 십신 가운데 발심은 아래
두 곳[39]의 경문과는 다르다는 것이다.

그런 까닭으로 『영락경』에 말하였다고 한 아래는 발심이 처음에
통하는 뜻을 증거하여 성립한 것이다.
저 『영락경』 제이권에 처음 경[40]의 뜻을 해석하여[41] 말하기를 불자야,
발심주라고 하는 것은 이 사람이 처음 구박범부로 좇아 삼보의
성인을 알지 못하며,
좋고 나쁜 것을 알지 못하며,
원인과 더불어 과보의 일체를 알지 못하며,
알지 못한다는 것도 알지 못하는 것이다.
불자야, 알지 못함으로 좇아 처음 범부의 지위에서 부처님과 보살을
만나 교법 가운데 한 생각 믿음을 일으켜 문득 보리심을 일으키나니,
이 사람이 그때 십주 전에 이름이 신상信相보살[42]이며

---

39 원문에 이처二處란, 십주十住 발심주發心住와 발심공덕품發心功德品이다.
40 經 자는 始 자인 듯하다.
41 원문에 초석경의初釋經(始)義라고 한 것은 『영락경』 석의품釋義品이다.
42 원문에 주전명신상보살住前名信相菩薩이라고 한 것은 신전信前과 신후信後를

또한 이름이 가명자假名字보살[43]이다.

이 사람이 간략하게 열 가지 마음을 행하나니,

말하자면 신심과 진심과 염심과 정심과 혜심과 계심과 회향심과 호법심과 사심과 원심이라 하시고

또 말하기를 불자야,[44] 발심주라고 하는 것은 이것은 위에 승진분의 선근인善根人이다.

만약 한 세월(一劫), 두 세월(二劫)[45]로 내지 한 항하사, 두 항하사 부처님의 처소에서 열 가지 신심信心을 행한다면 삼보가 상주함을 믿을 것이다 한 등이라 하였다.

분명히 알아라. 이 가운데 발심이 처음과 뒤를 갖추었다고 한 것은 구박범부가 알지 못하여 처음 발심한 것으로 시초를 잡아 한 세월과 두 세월에 수행하여야 바야흐로 초주初住를 얻나니,

초주 전은 다만 이름이 신상보살이다 하였으니[46]

모두 이름을 신상보살(皆名信相菩薩)이라 한다.

43 가명자假名字보살이란, 다른 본에는 가명보살이며 또한 이름이 명자보살이라 하였다.

44 또 말하기를 불자야, 운운한 것은 이 위에 인용한 바는 다 처음 발심의 뜻에 통하고, 여기에 발심주라 한 등 두 구절은 곧 뒤에 발심의 뜻에 통하는 것이라고 『잡화기』는 말한다.

45 만약 한 세월(一劫), 두 세월(二劫)이라고 한 아래는 처음 발심을 좇아 뒤에 발심을 얻는 행상을 밝힌 것이라고 『잡화기』는 말한다.

46 원문에 주전단명신상住前但名信相이라고 한 것은 신전信前과 신후信後를 다 신상보살信相菩薩이라 이름하는 것이다.

거연히 처음과 끝에 통하는 것이다.

疏

問이라 此旣是初인댄 何得乃具後諸行位와 及普賢德耶아 古德
釋此가 略有二門하니 一은 行布次第門이니 謂從微至著하며 從淺
至深히 次第相乘하야 以階彼岸이니 如瓔珞仁王과 起信瑜伽等
說이라 二는 圓融通攝門이니 謂一位가 即具一切位等이니 如此經
所說이며 亦如大品等中에 一行이 具一切行이라 此中有二門하니
一은 緣起相由門이요 二는 法界融攝門이라 前中엔 普攬一切始終
諸位와 無邊行海가 同一緣起하야 爲普賢行德이니 良以諸緣相
望인댄 略有二義라 一은 約用이니 由相待故로 有有力無力義일새
是故로 得相收及相入也요 二는 約體니 由相作故로 有有體無體
義일새 是故로 得相即及相入是也라 此經之中에 依斯義故로 行
位相收가 總有四說하니 一은 或始具終이니 如此門中에 具一切行
位와 普賢德海者가 是也요 二는 或終具始니 並在十地位後니 如
下文의 十定十通等說이요 三은 或諸位齊收니 並在十住等이니
一一位中에 各收一切하야 悉至究竟이니 如下文의 十住十行等
說이요 四는 或諸位皆泯나 行德顯然이니 如離世間品說이라 二에
法界融攝門者는 謂此諸位와 及所修行가 皆不離普賢의 無盡法
界라 然此法界가 圓融無限하야 隨在一位하야 即具一切일새 今在
信門하야 收無不盡이니 下諸位中에 皆具一切者도 並準此釋하니라

묻겠다.

이것이 이미 시초라고 한다면 어찌 이에 뒤의 모든 행위行位와 그리고 보현의 공덕을 갖춤을 얻겠는가.

고덕古德이 이것을 해석한 것이 간략하게 이문二門이 있나니

첫 번째는 행[47]포차제문行布差第門이니,

말하자면 숨은[48] 곳으로 좇아 나타낸 곳에 이르며 얕은 곳으로 좇아 깊은 곳에 이르기까지 차례로 서로 태워 피안에 오르게 하는 것이니, 『영락경』과 『인왕경』과 『기신론』과 『유가론』 등에서 설한 것과 같다.

두 번째는 원융통섭문圓融通攝門이니,

말하자면 한 지위가 곧 일체 지위를 구족한 등이니

이 『화엄경』에서 설한 바와 같으며, 또한 『대품반야경』 등 가운데서[49] 한 행이 일체 행을 갖추었다고 한 것과 같다.

이 가운데 두 가지 문門이 있나니

첫 번째는 연기상유문이요

두 번째는 법계융섭문이다.

앞에 상유문 가운데는 널리 일체 처음과 끝의 모든 지위와 끝없는 행해行海가 동일한 연기임을 잡아 보현의 행덕을 삼았으니

진실로 모든 인연으로써 서로 바라본다면 간략하게 두 가지 뜻이

---

47 행行은, 고인은 꼭 항으로 읽으라 하였다.

48 미微는 여기서는 숨었다는 뜻이다.

49 中 자는 소본에는 없다.

있다.

첫 번째는 작용을 잡은 것이니

서로 기다림을 인유한 까닭으로 유력有力과 무력無力의 뜻이 있기에 이런 까닭으로 서로 거두고[50] 그리고 서로 들어감을 얻는 것이요

두 번째는 자체를 잡은 것이니

서로 작위함을 인유한 까닭으로 유체有體와 무체無體의 뜻이 있기에 이런 까닭으로 서로 즉하고 그리고 서로 들어감을[51] 얻는 것이다.

이 『화엄경』 가운데 이 뜻을 의지한 까닭으로 행위行位를 서로 거두는 것이 모두 네 가지 학설이 있나니

첫 번째는 혹 처음이 끝을 갖춘 것이니,

이 문門 가운데 일체 행위와 보현의 공덕 바다를 갖춘 것과 같은 것이 이것이요

두 번째는 혹 끝이 처음을 갖춘 것이니,

---

50 서로 거둔다고 한 것은 곧 서로 용납하는 것이니, 즉 능히 거두는 것이 들어가는 바가 되고 거두는 바가 능히 들어가는 것이 되는 것이라고 『잡화기』는 말한다.

51 서로 들어간다고 한 것은 유력과 무력 가운데는 작용이 서로 들어가고 유체와 무체 가운데는 작용이 서로 즉한다는 것이 대개 이 통상의 뜻이거늘, 지금에는 유체와 무체 가운데도 또한 작용이 서로 들어간다고 한 것은 그 뜻이 일정한 방소가 없음을 나타내는 까닭이다. 혹은 말하기를 상입이라는 입入 자를 응당 민泯 자라 해야 할 것이다 하였다. 이상은 다 『잡화기』의 말이다. 다시 말하면 상입은 이 작용인 까닭으로 상민相泯이라 하는 것이니 상입을 상민이라 하는 것도 일리가 있다 하겠다. 상입이라 한 아래에 시是 자는 없는 것이 좋다고도 한다. 학자는 잘 관찰할 것이다.

모두 십지위十地位 후後에 있는 것이니 아래 경문에 십정품·십통품 등에서 설한 것과 같은 것이요

세 번째는 혹 모든 지위를 똑같이 거두는 것이니,

모두 십주 등에 있는 것이니 낱낱 지위 가운데 각각 일체를 거두어 다 구경에 이르는 것이니 아래 경문에 십주·십행 등에서 설한 것과 같은 것이요

네 번째는 혹 모든 지위가 다 없지만 행덕이 밝게 나타나 있는 것이니,

이세간품에서 설한 것과 같다.

두 번째 법계융섭문은 말하자면 이 모든 지위와 그리고 수행하는 바가 다 보현의 끝없는 법계를 떠나지 않는 것이다.

그러나 이 법계가 원융하기 한이 없어서 한 지위에 있음을 따라 곧 일체 지위를 갖추기에 지금 신문信門에 있어서 섭수하여 다하지 아니함이 없는 것이니

아래 모든 지위 가운데 다 일체 지위를 갖추는 것도 모두 이것을 기준하여 해석할 것이다.

鈔

如下文十定不通等說者는 定通二品이 義該始終故라 等者는 等取 十忍이라 下經十忍之中에 有音聲順忍等하니 謂約五忍明義인댄 七 八九地에 得於無生하야 已過信順거든 況於等覺이리요 今明等覺이

有音聲等일새 故是攝初니라 十住十行等說者는 謂位位滿處에 皆成
佛故니 一住가 若不收諸住인댄 云何說得位滿成佛고할새 故十住後
에 有灌頂住하고 海幢灌頂之後에 便說佛故니라 如離世間品說者는
離世間品에 具二千行法하야 如次配於住行호대 而不存其位名하고
但有與位로 相應之行故니라

아래 경문에 십정품·십통품 등에서 설한 것과 같다고 한 것은 십정품
과 십통품의 두 품이 그 뜻이 처음과 뒤를 갖춘 까닭이다.[52]
등等이라고 한 것은 십인품을 등취한 것이다.
하경下經의 십인품 가운데 음성인과[53] 순인 등[54]이 있나니,
말하자면 오인五忍[55]을 잡아[56] 뜻을 밝힌다면 칠·팔·구지地에서 무생

---

52 그 뜻이 처음과 뒤를 갖추었다고 한 것은, 그 뜻은 곧 뒤(끝)로써 처음을
갖춘다는 것이다.

53 십인품 가운데 음성인 등이라고 한 것은 음성인은 자량위에 배속하고 순인은
가행위에 배속하고 무생인은 바로 증득한 이후를 모두 잡은 것이니, 이
위에는 십인十忍을 의지하여 말하였기에 오인五忍 가운데 순인은 사지·오지·
육지에 배속하고 무생인은 칠지·팔지·구지에 배속한 것과는 같지 않는 것이
다. 역시 『잡화기』의 말이다.

54 등等이란, 나머지 팔인八忍을 등취等取한 것이다.

55 오인五忍은, 1. 복인伏忍은 十住·十行·十回向菩薩, 2. 신인信忍은 初地·二地·
三地菩薩, 3. 순인順忍은 四地·五地·六地菩薩, 4. 무생인無生忍은 七地·八地·
九地菩薩, 5. 적멸인寂滅忍은 十地·等覺·妙覺位이다.

56 말하자면 오인五忍을 잡아 운운한 것은 예를 들어 성립한 것이니 곧 『인왕경』
오인이다. 말하자면 등각의 십인十忍에 모든 지위를 갖추어 섭수한다는 뜻이
점점 숨은 까닭으로 저 오인을 들어 여기 뜻에 비례하여 밝힌 것이니, 복인과

인無生忍을 얻어 이미 신인信忍과 순인順忍을 지났거든 하물며 등각이겠는가.

지금에는 등각이 음성인 등이 있음을 밝혔기에 그런 까닭으로 처음을 섭수한 것이다.

아래 경문에 십주·십행 등에서 설한 것과 같다고 한 것은 말하자면 지위 지위가 만족한 곳에 다 부처를 이루는 까닭이니,

한 지위[57]가 만약 모든 지위를 거두지 못한다면 어떻게 지위가 만족함에 부처 이룸을 얻는다고 설하겠는가 하기에 그런 까닭으로 십주의 최후[58]에 관정주가 있고, 해당[59] 비구가 관정한 이후에 문득 부처 이룸을 설한 까닭이다.

이세간품에서 설한 것과 같다고 한 것은 이세간품에 이천 가지 수행법을 갖추어 차례와 같이 십주와 십행에 배속하되 그 지위의 이름은 있지 않고 다만 지위로 더불어 상응하는 행만 있는 까닭이다.

신인과 순인과 적멸인 등으로써 차례와 같이 삼현과 십지와 등각·묘각에 배속한 까닭이다. 그 뜻은 이자권李字卷 하권 3장과 그리고 『회현기』 9권 5장을 볼 것이다. 이상은 다 『잡화기』의 말이다.

57 일주一住라 한 住 자와 제주諸住라 한 住 자는 다 位 자의 잘못이다.

58 십주 최후는 곧 제 열 번째 관정주이다.

59 해당은 비구의 이름이니 곧 선재가 만난 바 제 여섯 번째 선지식이니, 그 사실은 상자권翔字卷 상권 39장 이하와 그리고 『회현기』 10권 16장을 볼 것이다고 『잡화기』는 말한다.

疏

問이라 下發心功德品에도 亦說初心에 具無邊德이니 與此何別고
答이라 此據行首니 信門所具요 彼約行本이니 菩提心具니라 問이
라 約法相收인댄 是則可爾어니와 約人修行인댄 豈十千劫을 修信
纔滿에 卽得如此無邊德海고 答이라 以法是圓融하야 具德法故로
若諸菩薩이 行此法行인댄 是彼所收가 或無量劫이며 或無定限이
니 十千劫言은 非此所說이라 如下善財童子와 及兜率天子等의
所行所得이 並是其人이니 不同行布次第敎中之所說也니라 又
十千劫은 乃是一經이요 瓔珞은 但言一劫二劫이라하니 此經은 縱
有行布나 亦皆圓融이라

묻겠다.
아래 발심공덕품에도 또한 초발심에 끝없는 공덕을 갖춘 것을 설하
였으니
여기로 더불어 무엇이 다르겠는가.
답하겠다.
여기는 행의 처음[60]을 의거한 것이니
신문信門에 갖춘 바요
저 공덕품은 행의 근본[61]을 잡은 것이니

---

60 행의 처음이라고 한 것은 십신은 삼현위의 처음에 있는 까닭으로 다만 이것은
   행의 처음이 될 뿐 아직 행의 근본이 됨을 얻을 수는 없는 것이다.
61 행의 근본이라고 한 것은 저 공덕품은 이 십주품 가운데 있는 까닭으로

보리심에 갖춘 바이다.

묻겠다.

법이 서로 거두는 것을 잡는다면 이것은 곧 가히 그렇거니와, 사람이 수행하는 것을 잡는다면 어찌 십천 세월을 신신信을 닦아 겨우 만족함에 곧 이와 같이 끝없는 공덕의 바다를 얻겠는가.

답하겠다.

법이 이에 원융하여 공덕을 갖춘 법인 까닭으로 만약 모든 보살이 이 법행을 행한다면 저들이 거두는 바가 혹 한량없는 세월이며 혹 한정이 없을 것이니, 십천 세월이라는 말은 여기에서 설할 바가 아닌 것이다.

아래에 선재동자와 그리고 도솔천자와 같은 등이 수행한 바와 얻은 바가 아울러 그 사람이니,

행포 차례 교법 가운데 설한 바와는 같지 않는 것이다.

또 십천 세월이라고 한 것은[62] 이에 이 한 경전[63]뿐이요, 『영락경』은 다만 한 세월·두 세월이라고만 말하였으니, 이 『화엄경』은 비록 행포行布가 있지만 또한 다 원융이다.

행의 근본이 된다고 함을 얻나니, 여기에 이르러야 바야흐로 신근이 성취됨을 얻어 정정취正定聚에 들어가 필경에 물러나지 않는 까닭으로 행의 근본이 된다고 이름함을 얻고, 십신이 다만 행의 처음이 된다고 한 것과는 같지 않는 것이다. 이상은 다 『잡화기』의 말이다.

62 또 십천 세월이라고 한 등은 대개 권교(방편교)는 십천 세월이라 단정하지만 그러나 종교는 곧 반드시 그런 것만은 아닌 까닭이라고 『잡화기』는 말한다.

63 한 경전이란, 『인왕경』이다.

鈔

十千劫乃是一經은 是卽仁王經이라 此經縱有行布下는 三에 通伏
難이니 謂有難言호대 如上所說하야 旣有行布인댄 此與諸經으로 復
云何異고할새 故今答云호대 行布는 乃是圓融之行布耳라하니라

또 십천 세월이라고 한 것은 이에 이 한 경전뿐이라고 한 것은
이것은 곧 『인왕경』이다.

이 경은 비록 행포가 있지만이라고 한 아래는 세 번째 잠복하여
비난함을 통석한 것이니
말하자면 어떤 사람이 비난하여 말하기를 위에서 설한 바와[64] 같아서
이미 행포가 있다고 하였다면 이 『화엄경』은 모든 경전으로 더불어
다시 어떻게 다른가 하기에, 그런 까닭으로 지금에 답하여 말하기를
행포는 이에 이 원융의 행포일 뿐이다 하였다.

疏

亦有引此下文하야 證成此信호대 乃是捨異生性하고 成就聖性하
야 出無明地하야 生如來家니 以有則獲灌頂하야 而升位等이언정
非是信故라하니 若爾初地에 豈得灌頂升位等耶아 若云展轉히

---

64 위에서 설한 바라고 한 것은 곧 위에서 인용한 바 행포의 해석이라 한 것이
이것이다. 역시 『잡화기』의 말이다.

進入佛地인댄 何以로 不得始自於信으로 展轉入耶아 若許從信으로 展轉入者인댄 何以로 要判此乃捨凡入聖아 下文에 自有十地之會하고 此中에 尚隔住行向等거늘 判爲入地는 乃孟浪之談이라 下發心品에도 亦判爲初地發心하니 義同此會하니라

또 어떤 사람이 이 아래 경문을 인용하여 여기에 믿음을 증거하여 성립하기를 이에 이것은 범부(異生)[65]의 성품을 버리고 성인의 성품을 성취하여 무명지無明地를 벗어나 여래가에 태어나는 것이니, 곧 관정함을 얻어 지위에 오르는 등이 있을지언정 신성취발심信成就發心은 아닌 까닭이다 하였으니

만약 그렇다면 초지에 어찌 관정하여 지위에 오르는 등을 얻겠는가.

만약 말하기를 전전히 불지에 진입한다면 무슨 까닭으로 처음 믿음으로부터 전전히 들어간다고 함을 얻지 못하겠는가.

만약 믿음으로 좇아 전전히 들어간다고 함을 허락한다면 무슨 까닭으로 이것이 이에 범부를 버리고 성인에 들어가는 것이라고 판단하기를 요망하겠는가.

아래 경문에 스스로 십지의 회會가 있고 이 회 중에는 오히려 십주·십행·십회향 등에 막혀 있거늘, 초지에 들어감이 된다고 판단하는 것은 이에 맹랑한 말이다.

아래 발심공덕품에도 또한 초지의 발심이 된다고 판단하였으니 뜻이 이 회會와 같다.[66]

---

65 원문에 이생異生이란, 범부凡夫의 다른 이름이니 성자와 다른 생류生類라는 것이다.

鈔

亦有引此下文下는 第二에 傍序異說이니 卽安國法師라 於中有三하
니 初正立이니 意明此中發心은 是初地證發心이요 非信成就發心이
니 以其作用殊勝이 非地前故라 以有則獲灌頂而昇位等下는 二에
引文證成이니 而言等者는 彼有十義로 以證此中이 非信成就라 謂一
은 以說斷除疑網出愛流하야 便得堅固不壞心故니 以若未入聖인댄
何以度疑며 若是凡夫인댄 何能不壞리요 入見諦者라사 乃能度疑리
니 信不壞故요 二는 若未入地인댄 不應得有常持戒故요 三은 不應云
生如來家故요 四는 凡夫는 不得身語意業이 常無失故요 五는 不應
則獲功德法性身故요 六은 不應云則獲十地의 十自在故요 七은 不
應則獲灌頂하야 而昇位故요 八은 不應云則身充遍이 如虛空故요
九는 何況菩薩이 具智慧故요 十은 趣大乘者는 猶爲易어니와 能信此
法이 倍更難故니 豈有凡法이 難於聖法이리요 故知此品은 正教捨凡
하고 展轉乃至進入佛地라하니라 今疏文中에 略引彼證일새 故致等
言이니 是其一意라

또 어떤 사람이 이 아래 경문을 인용하였다고 한 아래는 제 두
번째 곁으로 이설異說을 서술한 것이니,
곧 안국법사安國法師의 말이다.[67]
그 가운데 세 가지가 있나니

---

66 원문에 의동차회義同此會라고 한 것은, 즉 맹랑孟浪하다는 말이다.
67 안국법사安國法師의 말이란, 안국사의 이강利剛, 원섭元涉이다.

처음에는 바로 세운 것이니

뜻이 이 가운데 발심[68]은 초지의 증발심證發心이고 신성취발심信成就發心이 아님을 밝힌 것이니, 그 작용의 수승한 것이 지전地前이 아닌 까닭이다.

곧 관정함을 얻어 지위에 오르는 등이 있다고 한 아래는 두 번째[69] 문장을 인용하여 증거하여 성립한 것이니,

등等이라고 말한 것은 저 안국법사가 열 가지 뜻으로 이 가운데 발심이 신성취발심이 아니라고 증거한 것이 있다.

말하자면 첫 번째는 의심의 그물을 끊어 제거하고 사랑의 물줄기를 벗어나 문득 견고하여 무너지지 않는 마음을 얻는다고 설한 까닭이니,

만약 성류에 들어가지 못하였다면 어찌 의심을 건너며 만약 범부라면 어찌 능히 믿음이 무너지지 않겠는가. 진리를 봄에 들어간 사람이라야 이에 능히 의심을 건널 것이니 믿음이 무너지지 않는 까닭이요

두 번째는 만약 초지에 들어가지 못하였다면 응당히 항상 계를 가짐이 있음을 얻을 수 없는 까닭이요

세 번째는 응당히 여래가에 태어난다 말할 수 없는 까닭이요

네 번째는 범부는 신·어·의 업이 항상 허물이 없음을 얻을 수 없는

68 발심에 삼종발심三種發心이 있나니 一은 신성취발심信成就發心이니 십신十信이고, 二는 해행발심解行發心이니 삼현三賢이고, 三은 증발심證發心이니 십지十地이다.

69 下 자 아래에 二 자가 있는 것이 좋다.

까닭이요

다섯 번째는 응당히 곧 공덕의 법성신을 얻을 수 없는 까닭이요

여섯 번째는 응당히 곧 십지의 열 가지 자재를 얻는다 말할 수 없는 까닭이요

일곱 번째는 응당히 곧 관정함을 얻어 지위에 오름을 얻을 수 없는 까닭이요

여덟 번째는 응당히 곧 몸이 충만하여 두루한 것이 허공과 같다고 말할 수 없는 까닭이요

아홉 번째는 어찌 하물며 보살이 지혜를 구족하겠는가 한 까닭이요

열 번째는 대승에 나아가는 것은 오히려 쉽거니와 능히 이 법을 믿는 것이 배로 다시 어려운 까닭이니, 어찌 범부의 법이 성인의 법보다 어려움이 있겠는가. 그런 까닭으로 알아라. 이 품은 바로 범부를 버리고 전전히 내지 불지에 진입함을 가르친 것이다 하였다. 지금 소문 가운데는 저 안국법사의 말을 간략하게 인용하여 증거하였기에 그런 까닭으로 등等이라는 말을 이루나니,

이것은 그 한 뜻이다.

若爾已下는 辨非니 文有五段이라 初는 正以其所引으로 難其所立호대 但難其一이니 餘九例知라 謂旣十地中이라사 方得灌頂인댄 縱是初地인달 豈得灌頂이리요 若云展轉下는 二에 順設彼救하야 反以成立이요 若許從信下는 三에 假縱彼救하야 結破彼立이요 下文自有下는 四에 廣引文證하야 顯彼立非니라 孟浪者는 出莊子니 已見成就品이라 下發心品下는 五에 例破後文의 所立非理니 以彼下文에도 亦判

彼品이 爲初地發心故니라 此旣不立인댄 彼居然非니라

만약 그렇다면이라고 한 아래는 안국법사의 말이 잘못[70]임을 분별한 것이니,

문장에 오단五段이 있다.

초단初段은 바로 인용한 바로써 그가 성립한 바를 비난하되 다만 그 첫 번째 뜻만을 비난한 것이니,

나머지 아홉 가지 뜻도 여기에 비례하면 알 수가 있을 것이다. 말하자면 이미 십지 가운데라야 바야흐로 관정함을 얻는다고 하였다면 이 초지를 허락한들 어찌 관정함을 얻겠는가.

만약 말하기를 전전히 불지에 진입한다면이라고 한 아래는 이단二段에 저[71]가 구원함을 따라 설문設問하여 반대로 성립한 것이요

만약 믿음으로 좇아 전전히 들어간다고 함을 허락한다면이라고 한 아래는 삼단에 저가 구원함을 거짓으로 허락하여 저가 성립한 것을 맺어 깨뜨리는 것이요

아래 경문에 스스로 십지의 회가 있다고 한 아래는 사단에 경문의 증거를 폭넓게 인용하여 저 안국법사가 성립한 것이 잘못임을 나타

---

70 원문에 변비辨非라 한 非 자는 안국법사安國法師의 非이다.
71 저(彼)란, 안국법사安國法師이다.

낸 것이다.

맹랑하다고 한 것은 장자에서 나온 말이니
이미 세계성취품[72]에서 나타내었다.
아래 발심공덕품[73]이라고 한 아래는 오단에 뒤의 공덕품 경문에서
성립한 바가 이치답지 아니함을 비례하여 깨뜨린 것이니,
저 아래 경문[74]에도 또한 저 공덕품이 초지의 발심이 된다고 판단한
까닭이다.
이 회가 이미 성립되지 않는다면 저 회[75]도 거연히 잘못인 것이다.

疏

問이라 下云無量億劫勤修學하야 得是無上菩提智라하니 斯則非
一生也며 亦非十千으로 以爲無量이라할새 通斯難者에 應有二義
하니 一은 此約行布니 展轉義故요 二는 約圓融이니 展促無礙義故
니 如上所辨하니라 故善財가 見仙人執手하고 ㅡㅡ佛所에 經無量
劫이니 故修短難思가 特由於此니라 故賢首菩薩云호대 趣大乘者
猶爲易어니와 能信此法倍更難이라하니 以初心에 卽具一切功德

---

72 세계성취품世界成就品은 제일회第一會이다.
73 발심공덕품發心功德品은 제삼회第三會이다.
74 저 아래 경문이라고 한 것은, 저 아래 발심공덕품發心功德品 경문經文이다.
75 이 회(此會)란 십신十信이니 제이회第二會이고, 저 회(彼會)란 십주十住이니
　　제삼회第三會이다.

일새 故難信也니라

묻겠다.

아래 경문에 말하기를 한량없는 억세월에 부지런히 닦아 배워 더 이상 없는 보리의 지혜를 얻었다 하였으니

이것은 곧 초심의 일생도 아니며 또한 십천으로 한량없는 세월을 삼는 것도 아니다 하기에 이 비난을 통석함에 응당 두 가지 뜻이 있나니

첫 번째는 행포行布를 잡은 것이니

전전의 뜻인 까닭이요

두 번째는 원융을 잡은 것이니

전전히 하고 촉박하게 하는 것이 걸림이 없는 까닭이니

위에서 분별한 바와 같다.

그런 까닭으로 선재동자가 구사선인[76]이 손을 잡는 것을 보고 낱낱 부처님의 처소에서 한량없는 세월을 지난 것이니,

그런 까닭으로 길고 짧은 것을 사의하기 어려운 것이 다만 이것을 인유한 것이다.

그런 까닭으로 현수보살이 말하기를 대승에 나아가는[77] 것은 오히려 쉽거니와 능히 이 법을 믿는 것이 배로 다시 어렵다 하였으니,

초심에 곧 일체 공덕을 구족하기에 그런 까닭으로 믿는 것이 어려운 것이다.

---

76 선인仙人은 구사선인이다.

77 원문에 신대승信大乘이라 한 신信 자는 취趣 자의 잘못이다.

鈔

問이라 下云下는 第三에 引妨會宗이니 於中有二하니 先問이니 卽此
品文이라 安國堅執하야 屬證發心호대 經多劫故로 非是初心의 一生
故也며 亦非十千으로 以爲無量은 遮救自義니 恐有救云호대 無量卽
十千故니라

묻겠다. 아래에 말하기를이라고 한 아래는 제 세 번째 방해함을
이끌어 종취를 회통한 것이니
그 가운데 두 가지[78]가 있나니
먼저는 물은 것이니
곧 이 현수품의 경문이다.
안국법사가 이 경문을 굳게 고집하여 증발심에 배속하되 수많은
세월을 지난 까닭으로 초심의 일생도 아닌 까닭이며 또한 십천으로
한량없는 세월을 삼은 것도 아니라고 한 것은 스스로의 뜻을 구원함
을 막은 것이니,
어떤 사람이 구원하여 말하기를 한량없는 세월이 곧 십천이 된다
할까 염려한[79] 까닭이다.

---

[78] 두 가지라고 한 것은, 먼저는 묻는 것이고 뒤에는 통석한 것이니 통석한
것은 소문에 이 비난을 통석한다고 한 아래 문장이다.
[79] 황況 자는 공恐 자의 잘못이다.

經

菩薩發意求菩提가　　非是無因無有緣이니
於佛法僧生淨信하야사 以是而生廣大心이니다

보살이 뜻을 일으켜 보리를 구하는 것이
원인도 없고 조연도 없는 것이 아니니
저 불법승에[80] 청정한 믿음을 내어야
이것으로써 넓고 큰마음을 일으킵니다.

疏

第二에 菩薩發意下는 正明發心修行勝德이라 文分爲五하리니 初
五頌은 發心行相이요 二에 信爲道元下는 略示勝能이요 三에 若常
信奉下는 所具行位요 四에 或有刹土下는 無方大用이요 五에 一
切如來下는 喩況玄旨라 然此五段에 初一은 顯正發心이요 後四는
發心之德이라 第三은 亦兼修行이니 此及後二는 皆修行之德이라

제 두 번째 보살이 뜻을 일으킨다고 한 아래는 바로 발심하여 수행한

---

80 저 불법승이라고 한 등의 두 구절은 바로 인연의 자체를 설출한 것이니,
삼보는 곧 연緣이고 믿음과 자비(넓은 마음)와 지혜(큰마음)는 곧 인因인 까닭이
다. 연緣 가운데 유정이 없는 것은 뒤의 따로 나타내는 가운데 그윽이 있는
까닭이라고 『잡화기』는 말한다. 뒤의 따로 나타내는 가운데라고 한 것은
영인본 화엄 5책, p.239, 9행에 있다.

수승한 공덕을 밝힌 것이다.

경문을 나누어 다섯 가지로 하리니

처음에 다섯 게송은 발심하여 수행하는 모습이요

두 번째 믿음은[81] 도의 근원이 된다고 한 아래는 간략하게 수승한 공능을 보인 것이요

세 번째 만약 항상[82] 부처님을 신봉한다면이라고 한 아래는 믿음 가운데 구족한 바 행行과 지위[83]요

네 번째 혹 어떤[84] 찰토라고 한 아래는 방소 없는 큰 작용[85]이요 다섯 번째 일체 여래라고 한 아래는 현묘한 뜻에 비유한 것이다. 그러나 이 오단五段의 처음에 일단은 바로 발심을 나타낸 것이요 뒤에 사단은 발심의 공덕이다.

제삼단은 또한 수행을 겸한 것이니,

이 단(此段)과 그리고 뒤에 이단二段은 다 수행의 공덕이다.

第三亦兼修行者는 以所具行位니 行卽修行故요 位卽亦是修行之德일새 故云此及後二는 皆修行之德이라하니라

---

81 믿음은 운운은 영인본 화엄 5책, p.257, 1행이다.
82 만약 항상 운운은 영인본 화엄 5책, p.262, 8행이다.
83 지위(位)는 鈔에서 수행의 공덕이라 하였다.
84 혹 어떤 운운은 영인본 화엄 5책, p.282, 2행이다.
85 작용作用은 앞에서 역용力用이라고도 하였다.

제삼단은 또한 수행을 겸한 것이라고 한 것은 믿음 가운데 구족한 바 행과 지위이니
행行은 곧 수행인 까닭이고, 지위는 곧 역시 수행의 공덕이기에 그런 까닭으로 말하기를 이 단과 그리고 뒤에 이단은 다 수행의 공덕이다 하였다.

疏

今初發心行相中에 初偈總標요 餘文別顯이라 瑜伽菩薩地에 明發心이 有五種相하니 一은 自性이요 二는 行相이요 三은 所緣이요 四는 功德이요 五는 最勝이라 今文五偈에 具之니 謂發意는 卽是正願이니 爲發心自性也요 希求菩提하고 及下作有情義利는 卽行相也요 菩提三寶有情은 皆其所緣이요 能攝一切菩提分法은 爲其功德이요 不求五欲等은 反顯菩薩의 所求最勝이라

지금은 처음으로 발심하여 수행하는 모습 가운데
처음 게송은 한꺼번에 표한 것이요
나머지 게송문文은 따로 나타낸 것이다.
『유가론』보살지에 발심을 밝힌 것이 다섯 가지 모습이 있나니
첫 번째는 자성이요
두 번째는 행상이요
세 번째는 반연할 바요
네 번째는 공덕이요

다섯 번째는 가장 수승한 것이다.

지금 경문의 다섯 게송에 그 다섯 가지 모습을 구족하였으니,

말하자면 뜻을 일으키는[86] 것은 곧 바른 서원이니 발심의 자성이 되는 것이요

위로 보리를 희구하고[87] 그리고 아래로 유정의 의리와 이익을 짓는 것은 곧 행상이요

보리와 삼보와 유정은 다 그 반연할 바요

능히 일체 보리분법을 섭수하는 것은 그 공덕이 되는 것이요

오욕을 구하지 않는 등은 보살이 구할 바 가장 수승한 것을 반대로 나타낸 것이다.

鈔

瑜伽菩薩地等者는 疏文有二하니 先은 釋科文의 行相之言이니 便引 瑜伽하야 明具五義하대 而行相爲總일새 故爲科目하니라

『유가론』보살지라고 한 등은 소문疏文에 두 가지가 있나니,

먼저는 과문科文에 행상이라는 말을 해석한 것이니

문득『유가론』을 인용하여 다섯 가지 뜻을 구족한 것을 밝히되

행상이 총總이 되기에 그런 까닭으로 과목한 것이다.

---

86 원문에 발의發意는 초구初句 중에 발의發意이다.
87 원문에 구보리求菩提는 초구初句 중에 구보리求菩提이다.

疏

言因緣者는 謂親能發起하야 求大菩提曰因이요 假之助發爲緣이
니 因卽自性住性이니 內熏之力이요 緣卽習所成性이라 又上二는
皆因이요 善友及境外熏은 爲緣이라 瑜伽云호대 由有四因四緣四
力하야 菩薩發心하나니 四因者는 一은 種性具足이요 二는 賴佛菩
薩善友攝受요 三은 多起悲心이요 四는 長時猛利하야 難行苦行호
대 無所怯畏라 四緣者는 一은 見聞佛神變威力이요 二는 聞法微
妙요 三은 見法欲滅이요 四는 見生受惑業苦라 四力者는 一은 自力
이요 二는 他力이요 三은 因力이니 以宿習故요 四는 加行力이니
謂於現法에 親善聞法하고 修善加行故라 若具上因緣과 及初三
二力인댄 當知不退어니와 若因二四力인댄 心不堅固라하니 今經
은 卽初及三也니라 又起信論智印經에 有七因緣하니 如彼應知니
라 下別顯中에 以三因四緣으로 攝上諸義하니 三因者는 謂信悲智
요 四緣者는 三寶衆生也라

인연[88]이라고 말한 것은 말하자면 친히 능히 발기하여 대보리를
구하는 것을 원인이라 말하고, 그것을 가자하여 발기를 도우는
것을 조연이라 하나니
원인은 곧 자성이 머무는 불성[89]이니 안으로 훈습하는 힘이요

---

88 인연이란, 경문 제이구第二句이다.
89 원문에 자성주성自性住性이란, 영인본 화엄 5책, p.249, 9행에는 自性住佛性이
   라 하였다.

조연은 곧 훈습하여 이룬 바 자성이다.

또 위에 두 가지 모습은 다 원인이요
선지식과 그리고 경계의 바깥 훈습은 조연이다.
『유가론』에 말하기를 네 가지 원인과 네 가지 조연과 네 가지 힘이
있음을 인유하여 보살이 발심하나니,
네 가지 원인이라고 한 것은 첫 번째는 종성이 구족한 것이요
두 번째는 불보살 선지식의 섭수를 의지하는[90] 것이요
세 번째는 다분히 대비심을 일으키는 것이요
네 번째는 장시간 용맹하게 행하기 어려운 것을 고행하되 겁내고
두려워하는 바가 없는 것이다.
네 가지 조연이라고 한 것은 첫 번째는 부처님의 신통 변화의 위신력
을 보고 듣는 것이요
두 번째는 법의 미묘함을 듣는 것이요
세 번째는 정법이 멸하고자 함을 보는 것이요
네 번째는 중생이 혹惑·업業·고苦 받음을 보는 것이다.
네 가지 힘이라고 한 것은 첫 번째는 자력이요
두 번째는 타력他力이요
세 번째는 인력因力이니 숙세에 익힌 까닭이요

---

90 불보살 선지식의 섭수를 의지한다고 한 것은 불보살의 섭수는 응당히 조연緣이
   지만, 그러나 지금에 저 불보살의 섭수를 의지하여 반드시 안으로 공경하고
   존중하는 마음을 일으켜 이에 능히 발심하는 까닭으로 원인에 속하는 것이라
   고 『잡화기』는 말한다.

네 번째는 가행력加行力이니 말하자면 현재의 법문에 친히 잘 법문을 듣고 선을 닦아 수행을 더하는 까닭이다.

만약 위에 네 가지 원인과 네 가지 조연과 그리고 첫 번째와 세 번째의 두 가지 힘을 구족한다면 마땅히 물러나지 아니할 줄 알거니와, 만약 두 번째와 네 번째의 힘을 원인한다면 마음이 견고하지 못한 것이다 하였으니,

지금에 경은 곧 첫 번째와 그리고 세 번째의 두 가지 힘이다.

또 『기신론』과 『지인경』에 일곱 가지 인연이 있나니,
저 『지인경』과 『기신론』에 설한 것과 같이 응당히 알 것이다.[91]
아래 따로 나타내는 가운데는 세 가지 원인과 네 가지 조연으로 위에 모든 뜻을 섭수하였으니,
세 가지 원인이라고 한 것은 말하자면 믿음과 대비와 지혜요
네 가지 조연이라고 한 것은 삼보와 중생이다.

鈔

初中因緣之外에 更加四力하니 緣謂見聞境界요 因謂內心發起요 力謂有所幹能이라 然卽前四因을 正望發心하야 以明力用이니 自力은 卽從種性因發이요 他力은 卽是善友所攝이요 因力은 卽是多起悲心이요 加行力은 卽長時苦行이라 又四力成就가 卽名爲因이니 親能發故니라 今經卽初及三者는 文中無人勸故며 不言因加行故라 又

---

91 원문에 여피응지如彼應知라고 한 것은 초문鈔文에 잘 설명하였다.

起信論下는 論云信成就發心者는 依何等人하며 修何等行하야 得信
成就하야 堪能發心고 所謂依不定聚衆生이 有熏習善根力故로 信
業果報하야 能起十善하며 厭生死苦하며 欲求無上菩提하며 得値諸
佛하야 親承供養하고 修行信心호대 經一萬劫하야 信心成就하니라
故로 諸佛菩薩이 教令發心케하며 或以大悲故로 能自發心하며 或因
正法欲滅하야 以護法因緣故로 能自發心하나니 如是信心成就하야
得發心者는 入正定聚하야 畢竟不退리니 名住如來種中하야 正因相
應이라 若有衆生도 善根微少等인댄 未經一萬劫에 於中遇緣하야 亦
有發心하리니 所謂見佛色相하고 而發其心하며(一) 或因供養衆僧
하야 而發其心하며(二) 或因二乘之人하야 教令發心케하며(三) 或學
他發心이라(四) 如是等發心者는 悉皆不定일새 遇惡因緣하면 或便
退失하며 墮二乘地라하니라 智印同此니라

처음 가운데[92] 네 가지 원인과 네 가지 조연 밖에 다시 네 가지
힘을 더하였으니
조연은 말하자면 보고 듣는 경계요,

---

[92] 처음 가운데라고 한 것은, 타본에는 뒤에 인연이라고 한 아래는 경에 따로
인연을 해석한 뜻을 첩석한 것이다. 그 가운데 두 가지가 있나니 먼저는
뜻으로써 간략하게 해석한 것이요, 뒤에 『유가론』이라고 한 아래는 문장을
인용하여 해석한 것이다. 그 가운데 세 가지가 있나니 처음에는 『유가론』문을
인용한 것이요 다음에는 『기신론』문을 인용한 것이요 뒤에는 당경을 인용하
여 회통한 것이다 하였으니 처음 가운데라고 한 것은 곧 『유가론』문을 인용한
것이라 하겠다.

원인은 말하자면 내심內心을 일으키는 것이요,

힘은 말하자면 이를 감당하는 바 능력[93]이 있는 것이다.

그러나 곧 앞에[94] 네 가지 원인을 바로 발심에 바라보아 힘의 작용을 밝힌 것이니

자력은 곧 불종성의 원인을 좇아 일어나는 것이요

타력은 곧 선지식의 섭수하는 바요

인력은 곧 다분히 대비심을 일으키는 것이요

가행력은 곧 장시간 고행하는 것이다.

또 네 가지 힘을 성취하는 것이 곧 이름이 원인이 되나니

친히 능히 일으키는 까닭이다.

지금에 경은 곧 첫 번째와 그리고 세 번째 두 가지 힘이라고 한 것은 경문 가운데 사람에게 권하는 것이 없는[95] 까닭이며,

가행加行을 원인한다고 말하지 아니한[96] 까닭이다.

또 『기신론』이라고 한 아래는, 『기신론』에 말하기를 신성취발심이

---

93 원문에 간능幹能이란, 어떤 일을 감당하고 주간하는 능력이다.

94 그러나 곧 앞에 운운은 소문인즉 원인과 더불어 힘이 다른 까닭으로 지금 경문에 다만 처음에 세 가지 힘만(자력, 타력, 인력) 있거니와, 만약 초문의 네 가지 원인을 발심에 바라보아 네 가지 힘의 작용을 삼은즉 이것은 또한 가히 지금에 경이 함께 네 가지 힘이 있다는 것을 말하는 것이다. 그렇다면 곧 소문과 더불어 초문이 각각 한뜻이라 하겠다. 이상은 다 『잡화기』의 말이다.

95 사람에게 권하는 것이 없다고 한 것은 二에 타력이다.

96 가행加行을 원인한다고 말하지 아니하였다고 한 것은 四에 가행력이다.

라고 한 것은 어떤 등의 사람을 의지하며 어떤 등의 행을 닦아 신성취를 얻어 능히 발심함을 감당하는가.

말하자면 부정취[97] 중생이 선근을 훈습한 힘이 있음을 의지한 까닭으로 업의 과보를 믿어 능히 열 가지 선을 일으키며

생사의 고통을 싫어하며

무상보리를 구하고자 하며

모든 부처님을 만나 친히 받들어 공양하고 신심信心을 수행하되 일만 세월을 지나 신심을 성취하는 것이다.

그런 까닭으로 모든 부처님과 보살이[98] 가르쳐 하여금 발심케 하시며, 혹은 대비인 까닭으로 능히 스스로 발심하며,

혹은 정법이 멸하고자 함을 인하여 법의 인연을 수호하려는 까닭으로 능히 스스로 발심하나니,

이와 같이 신심을 성취하여 발심함을 얻은 사람은 정정취에 들어가 필경에 물러나지 않을 것이니

이름이 여래의 종성 가운데 머물러 정인正因으로 상응한다 할 것

---

97 부정취不定聚는 삼정취三定聚의 하나이다. 1. 정정취正定聚는 반드시 결정코 성불할 수 있는 무리이고, 2. 사정취邪定聚는 반드시 성불할 수 없는 무리이고, 3. 부정취는 인연이 있으면 성불할 수도 있고 인연이 없으면 성불하지 못할 수도 있는, 결정할 수 없는 무리이다.

98 모든 부처님과 보살이라고 한 등은 『기신론』의 일곱 가지 원인이니 첫 번째는 혹 모든 부처님과 보살 운운이고, 두 번째는 혹 대비 운운이고, 세 번째는 정법 운운이고, 네 번째는 세 줄 뒤 혹 부처님의 색상 운운이고, 다섯 번째는 혹 수많은 스님 운운이고, 여섯 번째는 혹 이승 운운이고, 일곱 번째는 혹 다른 사람 운운이다. 『잡화기』도 이 말을 벗어나지 않는다.

이다.

만약 어떤 중생이라도 선근이 조금 있는 등의 사람이라면 일만 세월도 지나기 전에 그 가운데 조연을 만나 또한 발심함이 있을 것이니,

말하자면 혹은 부처님의 색상을 보고 발심하며(一),

혹은 수많은 스님에게 공양함을 인하여 발심하며(二),

혹은 이승의 사람을 인하여 가르쳐 하여금 발심케 하며(三),

혹은 다른 사람에게 배워서 발심하는 것이다(四).

이와 같은 등의 발심은 다 부정취이기에 악한 인연을 만나면 혹 문득 물러나 잃으며 이승의 땅에 떨어진다 하였다.

『지인경』 가운데 설한 것도 또한 이와 같다.

疏

今文中에 後半은 總以信智因으로 緣三寶境이니 信謂於實德能에 深忍樂欲하야 心淨爲性일새 故云淨信이라하니라 然實謂一切事 理요 德謂三寶淨德이요 能謂世出世善에 有其力能이라 今法寶 中엔 已攝初後하고 亦三寶中엔 皆具此三하니 體實具德하며 大用 救生故라 大者智心이니 求大菩提요 廣者悲心이니 廣濟含識하야 翻彼二乘의 小陜心也라

지금 경문 가운데 뒤에 반 게송은 모두 믿음과 지혜의 원인[99]으로써

_____
99 믿음과 지혜의 원인이라고 한 등은 넓은 마음이 이 자비어늘, 그러나 지금에

삼보의 경계를 반연하는 것이니

믿음이라고 한 것은 말하자면[100] 진실과 공덕과 공능에 깊이 알고
좋아하고 욕망하여 마음이 청정한 것으로써 자성을 삼기에 그런
까닭으로 말하기를 청정한 믿음이다 하였다.

그러나 진실이라고 한 것은 말하자면 일체 사事·리理[101]요

공덕이라고 한 것은 말하자면 삼보의 청정한 공덕이요

공능이라고 한 것은 말하자면 세간과 출세간의 선법에 그 힘의
공능이 있는 것이다.

지금 법보 가운데는 이미 처음에 진실과 뒤에 공능을 섭수하였고,
또한 삼보 가운데는 이 세 가지를 다 갖추었나니,

자체가 진실하며 공덕을 갖추었으며 대용大用으로 중생을 구제하는
까닭이다.

크다고 한 것은 지혜의 마음이니 대보리를 구하는 것이요

넓다고 한 것은 대비의 마음이니 널리 함식을 제도하여 저 이승의
작고 좁은 마음을 번복하는 것이다.

말하지 아니한 것은 유정이 이 자비의 대상이어늘 반연할 바 경계에 지금
유정이 없는 까닭이라고 『잡화기』는 말한다.

100 원문 신위信謂 운운 아래(下)로 유기역능有其能까지는 『유식론唯識論』 글
(文)을 약인略引한 것이다.

101 사事·리理는 『잡화기』에 사와 이라 하였다. 상식적 말이나 혹 사물의 이치라
오해할까 구분한 것이다.

鈔

信謂於實德能等者는 唯識第六云호대 云何爲信고 於實德能에 深
忍樂欲하야 心淨爲性하고 對治不信하야 樂善爲業이라(此總明業) 然
信差別이 略有三種하니 一은 信有實이니 謂於諸法의 實事理中에
深信忍故요 二는 信有德이니 謂於三寶의 眞淨德中에 深信樂故요
三은 信有能이니 謂於一切의 世出世善에 深信有力하야 能得能成하
야 起希望故라하니라 釋曰實德能三은 卽信依處니 忍樂欲三을 如次
配之니라 言能得能成者는 信己及他가 今得後成이며 又無爲得이요
有爲成故니라 論云호대 由斯對治不信彼心하야 愛樂證修世出世善
이라하니라 釋曰上釋信業거니와 下欲揀別일새 故又問答이라 論云호
대 忍謂勝解니 此卽信因이요 樂欲謂欲이니 卽是信果라 確陳此信인
댄 自相是何고(問也) 豈不適言心淨爲性고 此猶未了彼心淨言이니
若淨卽心인댄 應非心所요 若令心淨인댄 慚等何別고 心俱淨法을 爲
難亦然이라하니라 釋曰此中三難에 初는 持業釋이요 次는 依主釋이요
後는 隣近釋이라 言爲難亦然者는 同前慚等何別이니 亦是心王이 俱
時法故니라

믿음이라고 한 것은 말하자면 진실과 공덕과 공능이라고 한 등은
『유식론』 제육권에[102] 말하기를 어떤 것이 믿음이 되는가.

---

[102] 『유식론』 제육권이라고 한 등은 저 『유식론』 주註에 말하기를 첫 번째
　　운하云何라고 한 아래는 신심信心과 심소心所의 체성과 업용을 해석한 것이
　　니, 심왕과 심소로 하여금 함께 청정함을 얻게 하는 것은 이것은 믿음의

진실과 공덕과 공능에 깊이 알고 좋아하고 욕망하여 마음이 청정함으로 자성을 삼고, 믿지 아니함을 대치하여 선법을 좋아함으로 업을 삼는 것이다.(이것은 업을 한꺼번에 밝힌 것이다.)

그러나 믿음의 차별이[103] 간략하게 세 가지가 있나니

첫 번째는 믿음에 진실이 있는 것이니[104]

말하자면 모든 법의 진실한 사리事理 가운데 깊이 믿고 아는 까닭이요

두 번째는 믿음에 공덕이 있는 것이니[105]

말하자면 삼보의 진실하고 청정한 공덕 가운데 깊이 믿고 좋아하는

자성이고, 수많은 선법을 좋아하는 것은 이것은 믿음의 업용이다 하였으니 다 『잡화기』의 말이다.

[103] 그러나 믿음의 차별이라고 한 등 두 구절은 모두 『유식론』을 들어 진실과 공덕과 공능에 깊이 알고 깊이 좋아하고 깊이 욕망하는 것을 말한 것이다. 다 『잡화기』의 말이다.

[104] 첫 번째 믿음에 진실이 있는 것이라고 한 아래는 깊이 아는 것을 해석한 것이니, 모든 법이라고 한 것은 곧 안으로 근신과 밖으로 기계 등이고, 각각 자기의 모습이 있는 것은 이름이 진실한 사·리이니 모든 법에 자기의 모습은 말로써 더할 바가 아니고 심식으로써 가히 이를 바가 아니다. 오직 믿음으로써 인가하기에 이름이 믿음에 진실이 있는 것이라 한 것이다. 다 『잡화기』의 말이다.

[105] 두 번째 믿음에 공덕이 있는 것이라고 한 아래는 깊이 좋아하는 것을 해석한 것이니, 삼보의 공덕이라고 한 것은 부처님은 법신으로써 공덕을 삼고, 법은 반야로서 공덕을 삼고, 스님은 해탈로써 공덕을 삼나니 이 세 가지 법이 더러운 곳에 거처하지만 항상 깨끗한 까닭으로 진실하고 청정하다 이름하고, 삼덕을 믿음을 인유하여 좋아함을 생기하는 것이 깊이 믿고 좋아하는 것이라 이름하는 것이다. 다 『잡화기』의 말이다.

까닭이요

세 번째는 믿음에 공능이 있는 것이니[106]

말하자면 일체 세간과 출세간의 선법에 능력이 있어 능히 얻고 능히 이룬다는 것을 깊이 믿어 희망[107]함을 일으키는 까닭이다 하였다.

해석하여 말하면 진실과 공덕과 공능의 세 가지는 곧 믿음의 의지처이니,

알고 좋아하고 욕망하는 세 가지를 차례와 같이 배속한 것이다.

능히 얻고 능히 이룬다고 말한 것은 자기와 그리고 다른 사람이 지금에 얻고 뒤에 이룰 것을 믿는 것이며,

또 무위無爲는 얻을 것이고 유위有爲는 이룰 것[108]인 까닭이다.

---

106 세 번째 믿음의 공능이 있는 것이라고 한 아래는 깊은 욕망을 해석한 것이니, 세간의 선법은 유루이지만 능히 무루를 이끌어내고, 출세간의 선법은 무루이기에 능히 무위를 이끌어내는 것이다. 그런 까닭으로 능력이 있음을 깊이 믿는다 말한 것이다. 능히 얻는다고 한 것은 마음에 있고 능히 이룬다고 한 것은 사실에 있는 것이다. 유위를 이룬다 말하고 무위를 얻는다 말하는 것이니 위에 모든 선법을 믿어 희망을 일으키는 것이다. 그런 까닭으로 깊은 욕망이라 이름하는 것이다. 이 세 가지 믿음을 인유한다면 곧 능히 저 믿지 않는 마음을 상대하여 다스리는 것이니, 이 믿는 마음은 모든 선법 닦기를 좋아하거니와 저 믿지 않는 마음은 모든 선법을 장애하는 까닭이다. 역시 『잡화기』의 말이다.

107 희망이란, 곧 欲이다. 즉 忍, 樂, 欲 중에서 欲이라는 것이다.

108 원문에 得은 부처를 얻는 것이요, 成은 부처를 이루는 것이다. 무위無爲는 출세간이고, 유위有爲는 세간이나 출세간에도 통한다.

『유식론』에 말하기를 이것[109]을 인유하여 믿지 않는 저들의 마음[110]을 대치하여 세간과 출세간의 선법을 사랑하여 좋아하고 닦아 증득하게 하는 것이다 하였다.

해석하여 말하면 이 위에는 신업信業을 해석하였거니와 이 아래는 욕망을 가려 분별하였기에 그런 까닭으로 묻고 답한 것이 있는 것이다.

『유식론』에 말하기를 안다고[111] 한 것은 말하자면 수승한 지해(解)

---

109 이것(斯)이란, 삼종신三種信이다.

110 원문에 불신피심不信彼心이라고 한 것은 『유식론唯識論』에 피불신심彼不信心이라 하였으니 뜻은 같다.

111 『유식론』에 말하기를 안다고 한 아래는 『유식론』 주에 말하기를, 묻고 답하여 신심과 심소의 인과 자성을 밝힌 것이다. 묻겠다. 앞에서 말한 바 깊이 아는 것과 그리고 깊이 좋아하는 것과 깊이 욕망하는 것은 이것은 믿음의 인·과거니 어찌 자상自相이라 이름하는가. 논주가 답하여 말하기를, 다만 마음의 청정한 것이 자성이 된다고 한 것이 곧 이 자상을 말한 것이다. 묻는 사람이 다시 의난疑難을 펴 말하기를, 이것은 오히려 저들의 말을 알지 못하는 것이다. 저 마음에 청정하다는 말과 뜻이 만약 청정한 것이 곧 마음이라고 한다면 심왕은 있으되 심소는 없는 것이니, 그런 까닭으로 말하기를 응당 심소가 아닐 것이다 하였다. 만약 육석六釋으로 한다면 자체가 업의 작용을 가지는 것은 지업석持業釋이니, 마음의 자체상에 청정한 업용業用을 가지는 까닭이다. 만약 마음으로 하여금 청정하게 한다면 심소가 심왕으로 하여금 부끄럽게 하는 등도 또한 그러한 것이다. 그런 까닭으로 말하기를 부끄러워하는 등과 무엇이 다르겠는가 하였으니, 부끄러워하는 등의 법도 또한 마음으로 하여금 청정하게 하는 것이다 할 것이다. 만약 육석으로 한다면 능히 의지하고 의지하는 바가 밝게 나타났기에 의주석依主釋이라

이니

이것은 곧 믿음이 원인이요

좋아하고 욕망하는 것은 말하자면 욕망이니,

곧 이것은 믿음의 과보이다.

이 믿음을 확연하게 진술한다면 자상自相은 이 무엇인가.(묻는 것

이다.)

어찌 다만 마음의 청정한 것이 자성이 된다고 말하지 않는가.

이것은 오히려 저들의 마음이 청정하다고 한 말을 알지 못한 것이니

만약 청정한 것이 곧 마음이라고 한다면 응당 심소心所가 아닐 것

이요,

만약 마음으로 하여금 청정하게 한다면[112] 부끄러워하는 등과 무엇이

다르겠는가.

마음이 청정한 법과 함께하는 것[113]을 비난하는 것도 또한 그렇다

하였다.

해석하여 말하면 이 가운데 세 가지 비난에

─────────────

할 것이니, 심소가 능히 하여금 하게 하는 것(能令)이 되고 심왕이 하게

하는 바(所令)가 되는 까닭이다. 이상은 다 『잡화기』의 말이다.

112 마음으로 하여금 청정하게 한다고 한 것은 부끄러워하는 것도 또한 마음으로

하여금 청정하게 하는 까닭이다.

113 마음이 청정한 법과 함께하는 것이라고 한 것은 이 심왕이 심소와 같다고

한다면 또한 부끄러워하는 등과도 같다. 그런 까닭으로 말하기를 비난하는

것도 또한 그렇다 하였으니, 만약 육석으로 한다면 인근의 경계에 거주하는

것으로 인근석이라 할 것이니 저 심소가 심왕과 가까운 까닭이다. 역시

『잡화기』의 말이다.

처음에 비난은 지업석이요

다음에 비난은 의주석이요

뒤에 비난은 인근석이다.

비난하는 것도 또한 그렇다고 말한 것은 앞에 부끄러워하는 등과
무엇이 다르겠는가 한 것과 같나니,

역시 심왕心王이 그때 법과 함께하는 까닭이다.

論曰호대 此性澄淸하야 能淨心等이라 以心勝故로 立心淨名이니 如
水淸珠가 能淸濁水니라 慚等雖善이나 非淨爲相이니 此淨爲相이 無
濫彼失이라 又諸染法이 各別有相이나 唯有不信하야 自相渾濁하고
復能混濁餘心心所호미 如極穢物이 自穢穢他하나니 信正翻彼일새
故淨爲相也니라(正義竟) 有說호대 信者는 愛樂爲相이라하니 應通三
性이니 體應卽欲이며 又應苦集은 非信所緣이라(此破小乘上座部) 有
執호대 信者는 隨順爲相이라하니 應通三性이니 卽勝解欲이라 若印順
者인댄 卽勝解故며 若樂順者인댄 卽是欲故며 離彼二體인댄 無順相
故니라(此破大乘異師也) 由此應知心淨是信이라하니라(結也) 然今疏
文엔 略引標釋이나 義已周備니라 今法寶下는 以論配經이니 復有二
意라 一者는 別配니 謂法有事理는 卽是初實也요 法有理行은 卽出
世善等이니 故是後能이라 故云今法寶中에 已攝初後라하니라 亦三
寶中엔 皆具此三者는 義以前三이 通於三寶니 如文可知니라 次大者
下는 釋下句也라

『유식론』에 말하기를 이 성품이 청정하여[114] 능히 심왕 등[115]을 청정케

하는 것이다.

마음이 수승한 까닭으로 마음이 청정하다는 이름을 세운 것이니
마치 수청주水淸珠가 능히 탁한 물을 맑게 하는 것과 같다.[116]

부끄러워하는 등이라고 한 것은 비록 선행이지만 청정하지 못한
것으로 모습을 삼나니,

이 청정한 것으로 모습을 삼는 것이 저[117] 허물에 지나침이 없는
것이다.

또 모든 염법染法이[118] 각각 달리 모습이 있지만 오직 믿지 아니함이

---

114 『유식론』에 말하기를 이 성품이 청정하다고 한 아래는 답한 것이니, 『유식론』
주에 말하기를 이 신심과 심소가 자성이 청정하여 능히 다른 사람의 심왕과
심소법을 청정케 하나니, 마음이 수승한 까닭으로 다만 마음이 청정하다는
심소가 있음을 말하는 것뿐이다. 역시 『잡화기』의 말이다.

115 등等이란, 심소心所이다.

116 마치 수청주와 같다고 한 아래는 신심과 심소로써 수청주에 비유하고,
나머지 심왕과 심소로써 탁한 물에 비유한 것이다. 위에 비난하여 말하기를
만약 청정한 것으로 모습을 삼는다면 부끄러워하는 등과 무엇이 다르겠는가
하기에, 그런 까닭으로 여기에 해석하여 말하기를 부끄러워하는 등이 비록
선행이지만 청정하지 못한 것으로 모습을 삼나니, 이 청정한 것으로 모습을
삼는 것이 저 허물에 지나침이 없는 것이다. 이상은 다 『잡화기』의 말이다.

117 저(彼)란, 부끄러워하는 등과 무엇이 다르겠는가 한 것이다.

118 또 모든 염법이라고 한 아래에는 다시 염법과 정법이 서로 번복하는 것과
의세義勢가 서로 같은 것으로써 다른 사람의 마음을 청정케 하는 등이 믿음의
자상이 되는 것을 밝힌 것이다. 그러한 즉 두 줄 앞에 이 성품이 청정하다고
한 아래는 처음에 비난을 답한 것이니 지업석이 아님을 밝힌 것이고, 한
줄 앞에 부끄러운 등이라고 한 아래는 뒤에 두 가지 비난을 모두 답한
것이니 비록 이것은 의주석과 인근석이나 부끄러운 등이라 한 것으로 더불어

있어서 스스로의 모습이 혼탁하고 다시 능히 나머지 심왕과 심소를 혼탁케 하는 것이 마치 지극히 더러운 물건이 스스로도 더럽히고 다른 사람도 더럽게 하는 것과 같나니,

믿음은 바로 저 믿지 아니함을 번복하기에 그런 까닭으로 청정한 것으로 모습을 삼는 것이다.(바른 뜻은 마친다)

어떤 사람이[119] 말하기를 믿는다고 한 것은 사랑하고 좋아하는 것으로 모습을 삼는다 하였으니

응당 삼성三性에 통하는[120] 것이니

같지 않은 것이다. 그 가운데 처음에는 당체를 잡아서 믿음이 청정하지만 부끄러운 등은 청정하지 아니함을 밝힌 것이고, 또 모든 염법이라고 한 아래는 번복할 바를 상대하여 믿음이 청정하지만 부끄러운 등은 청정하지 아니함을 밝힌 것이니, 번복할 바를 상대하는 가운데 문장은 비록 다만 믿음이 청정하다는 것만 있지만 부끄러운 등이 청정하지 않다는 것은 뜻으로 반드시 포함하고 있는 까닭이다. 역시 『잡화기』의 말이다.

119 어떤 사람이라고 한 아래는 『유식론』 주에 말하기를 소승 상좌부에 말하기를 믿고 좋아하는 것으로 모습을 삼는다 하니, 논주가 깨뜨려 말하기를 응당 삼성三性에 통하나니 믿는다고 한 것은 이 선성이고, 사랑한다고 한 것은 염성染性이고, 좋아한다고 한 것은 무기성에 통하는 것이다. 이미 삼성에 통한다고 하였다면 그 자체는 응당 곧 욕망이거니 어찌하여 믿음의 자체를 이름하여 오직 이 선성이라 하는가. 또 고제·집제가 이 믿음의 반연할 바이거늘 만약 믿음의 모습이 이 사랑하고 좋아하는 것이라고 말한다면 고·집의 이제二諦는 이 누가 사랑하고 좋아하는가 하기에, 그런 까닭으로 말하기를 또 응당 고·집은 믿음의 반연할 바가 아니라 하였다. 역시 다 『잡화기』의 말이다.

120 원문에 응통삼성應通三性이라고 한 것은 곧 믿음(信)은 정성淨性이고, 사랑함(愛)은 염성染性이니 즉 악성惡性이다. 좋아함(樂)은 무기성無記性이다.

자체가 응당 곧 욕망이며 또 응당 고苦·집集은 믿음의 반연할 바가
아니다.(이것은 소승의 상좌부를 깨뜨린 것이다.)
어떤 사람이 고집하기를 믿는다고 한 것은[121] 따르는 것으로 모습을
삼는다 하였으니
응당 삼성에 통하는 것이니
수승한 지해와 욕망이다.
만약 인정하여 따르는 것(印順)[122]이라면 곧 수승한 지해인 까닭이며

---

121 어떤 사람이 고집하여 말하였다고 한 아래는 『유식론』 주에 말하기를 대승의
다른 스님이 다시 고집하기를 믿는다고 한 것은 따르는 것으로 모습을
삼는다 하니 논주가 깨뜨려 말하기를 삼성에 함께 통하거니 어찌하여 오직
선성이라고만 이름하는가. 또 따르는 뜻을 의거한다면 두 가지 다른 것이
있나니 첫 번째는 인정하여 따르는 것이니 곧 수승한 지해解인 까닭이요
두 번째는 좋아하여 따르는 것이니 곧 이것은 욕망인 까닭이다. 인정하여
따르는 것과 그리고 좋아하여 따르는 것을 떠나면 따르는 모습의 뜻이
없을 것이다. 이것은 수승한 지해와 욕망이 함께 별경위別境位에 있거니
어찌하여 선위善位의 심소로 더불어 모습을 삼겠는가 하였다. 이상은 다
『잡화기』의 말이다.
122 원문에 인순자印順者란, 사정四定의 하나이다. 이 사정四定은 유식종唯識宗에
서 사가행위四加行位에 사선근四善根을 닦을 때 그 자체를 세우는 것으로
一에 명득정明得定은 난위暖位에서 닦는 定이고,
二에 명증정明增定은 정위頂位에서 닦는 定이고,
三에 인순정印順定은 인위忍位에서 닦는 定이고,
四에 무간정無間定은 세제일위世第一位에서 닦는 定이다.
그러나 여기서는 사정四定의 제삼第三 인순정印順定을 말하는 것이 아니라,
수순위상隨順爲相에 순순의 뜻을 인순印順과 요순樂順으로 나누어 말하고
최종에는 이 두 가지를 떠나는 것을 말하고 있다 하겠다.

만약 좋아하여 따르는 것(樂順)이라면 곧 이것은 욕망인 까닭이며 저 두 가지 자체를 떠나면 따르는 모습이 없는 까닭이다.(이것은 대승의 다른 스님을 깨뜨린 것이다)

이것을 인유하여 응당히 마음이 청정한 것이 이것이 믿음인 줄 알아야 한다 하였다.(맺는 것이다)

그러나 지금 소문에서는 간략하게 『유식론』을 인용하여 표하고 해석하였지만 뜻은 이미 두루 갖추었다.

지금 법보 가운데라고 한 아래는 『유식론』 문으로써 경문을 배속한 것이니

다시 두 가지 뜻이 있다.

첫 번째는 따로 배속한 것이니, 말하자면 법에 사·리가 있는 것은 곧 이것은 처음에 진실이요

법에 이행理行이 있는 것은 곧 출세간의 선법 등[123]이니 그런 까닭으로 이것은 뒤에 공능이다.

그런 까닭으로 말하기를 지금 법보 가운데는 이미 처음에 진실과 뒤에 공능을 섭수하였다고 하였다.

또 삼보 가운데는 다 이 세 가지를 갖추었다고 한 것은 그 뜻이 앞에 세 가지[124]가 삼보에 통하나니 문장과 같이 가히 알 수가 있을

---

123 등等이란, 세간世間의 선법善法이니 소문疏文에는 세간世間과 출세간出世間의 선법이라 하였다.

124 앞에 세 가지(前三)란, 실實, 덕德, 능能이니 즉 진실과 공덕과 공능이다.

것이다.

다음에 크다고 한 것은 지혜의 마음이라고 한 아래는 경문에 아래
구절을 해석한 것이다.

經

不求五欲及王位와 富饒自樂大名稱하고

오욕과 그리고 왕위와
부유함과 스스로 즐거움과 큰 명성을 구하지 않고

疏

別中에 初半偈는 揀去偏僞니 謂攝眷屬過에 所不能染故니라 文中不求五事라하니 求卽過故니라 一은 若求人天五欲인댄 此能長貪이니 多是鬼因이요 二는 求王位長瞋이니 多地獄因이요 三은 求富饒長癡니 是畜生因이니 實通三塗나 各從多說이라 四는 求自樂하면 是二乘因이요 五는 求大名稱호대 若勝負心하면 是修羅因이요 若我慢心하면 是外道因이라 又以理求樂하면 是人天因이요 爲王攝屬하면 是魔羅因이라 有二乘心을 目之爲偏이요 有餘心者를 名之爲僞니라

따로 나타나는 가운데 처음에 반 게송은 치우친 마음과 거짓 마음을 가려 보내는 것이니,
말하자면 권속만을 섭수하는 허물에 능히 물들지 않는 바인 까닭이다.
경문 가운데 오사五事를 구하지 않는다 하였으니 구한다면 곧 허물인 까닭이다.

첫 번째는 만약 인간과 천상의 오욕을 구한다면 이것은 능히 탐욕을 길게 하는 것이니 다분히 이것은 아귀의 원인이요

두 번째는 왕위를 구한다면 성냄을 길게 하는 것이니 다분히 지옥의 원인이요

세 번째는 부유함을 구한다면 어리석음을 길게 하는 것이니 이것은 축생의 원인이니,

진실로 삼악도에 통하지만 각각 많음을 좇아 설하였을 뿐이다.

네 번째는 스스로 즐거움을 구한다면 이것은 이승의 원인이요

다섯 번째는 큰 명성을 구하되 만약 승부하는 마음으로 한다면 이것은 아수라의 원인이요

만약 아만심으로 한다면 이것은 외도의 원인이다.

또 진리로써 즐거움을 구한다면 이것은 인간과 천상의 원인이요

왕이 되어 권속을 섭수한다면 이것은 마군의 원인이다.

이승의 마음이 있는 것을 지목하여 치우친 것이라 하고

나머지 마음이 있는 것을 이름하여 거짓이라 하는 것이다.

鈔

初半偈는 揀去偏僞者는 卽天台止觀中意라 然有二文하니 一은 當第五卷하야 明十法成乘中에 有眞正發菩提心이니 故云揀去偏僞라하며 故下疏云호대 有二乘心者를 目之爲偏等이라 二者는 第一卷中에 明有五略이니 謂發大心과 修大行과 感大果와 列大綱과 歸大處니

今卽第一의 發大心中文이라 然彼復分爲三하리니 初는 方言이요 次
는 揀非요 後는 顯是라 方言은 易了요 今將不求一行은 當彼揀非也요
餘文은 卽當顯是니 今初라

처음에 반 게송은 치우친 마음과 거짓 마음을 가려 보내는 것이라고
한 것은 곧 천태대사의 지止·관觀 가운데 뜻이다.

그러나 두 가지 문장이 있나니

첫 번째는 지관 제오권[125]에 당하여 십법十法이 승乘을 이루는[126]
가운데 진정한 보리심을 일으키는[127] 것이 있음을 밝힌 것이니,
그런 까닭으로 말하기를 치우친 마음과 거짓 마음을 가려 보내는
것이다 하였으며,

그런 까닭으로 아래 소문에 말하기를 이승의 마음이 있는 것을
지목하여 치우친 것이라 한다 한 등이다.

두 번째는 제일권 가운데 오략五略이 있음을 밝힌 것이니,

말하자면 큰마음을 일으키는 것과 큰 행을 닦는 것과 큰 과보를
감득하는 것과 큰 그물을 찢는 것과 큰 처소에 돌아가는 것이니,
지금에는 곧 제일에 큰마음을 일으키는 가운데 문장이다.

---

125 제오권第五卷이란, 『천태지관天台止觀』 제오권이니, 此下 영인본 화엄 5책,
　　p.253, 9행에도 나온다.

126 원문에 성승成乘이라 한 승乘은, 보통 승乘은 교법教法이라 한다. 승乘에는
　　일승一乘, 이승二乘, 삼승三乘 등이 있다.

127 원문에 진정발보리심眞正發菩提心이라고 한 것은 第二에 발보리심發菩提心
　　이다.

그러나 저[128] 지관 문장에 다시 나누어 세 가지로 하였으니

처음에는 방언方言이요,

다음에는 그른 것을 가리는 것이요,

뒤에는 옳은 것을 나타내는 것이다.

방언이라고 한 것은 알기가 쉬운 것이요[129]

지금에 장차 한 가지 행도 구하지 않는다[130]고 한 것은 저기에 그른 것을 가린다고 한 것에 해당하는 것이요

나머지 경문[131]은 곧 옳은 것을 나타낸다고 한 것에 해당하는 것이니 지금은 처음이다.

彼文云호대 道亦有通有別하니 今亦揀之하야 略爲其十하리라 若心念念에 專貪瞋癡하야 攝之不還하고 拔之不出하야 日增月甚하야 起上品十惡을 如五扇提羅者인댄 此發地獄心하야 行火塗道요(一) 若其心念念에 欲多眷屬이 如海吞流하고 如火焚薪하야 起中品十惡을 如調達誘衆者인댄 此發畜生心하야 行血塗道요(二) 若其心念念에 欲得名聞하야 四遠八方에 稱揚歎詠호대 內無實德하고 虛比賢聖하야 起下品十惡을 如摩揵提者인댄 此發鬼心하야 行刀塗道요(三) 若

---

128 저(彼)란, 지관문止觀文이다.

129 방언이라고 한 것은 알기 쉽다고 한 것은 응당 범어의 보리를 여기에서 각覺이라 말한 것이 이것이다고 『잡화기』는 말한다. 혹은 미상이라 하였다.

130 원문에 불구일행不求一行이라고 한 것은 앞(前)에 불구오욕不求五欲·오위五位 운운云云이라 한 경문經文이다.

131 나머지 경문(餘文)이란, 此下에 단위영멸但爲永滅 운운이라 한 경문經文이다.

其心念念에 欲勝於彼하야 不耐下人하야 輕他珍己를 如鳥高飛하야
下視人物하야 而外揚仁義禮智信인댄 起下品善心하야 行阿修羅道
요(四) 若其心念念에 欣世間樂하야 安其臭身하고 悅其癡心인댄 此
起中品善心하야 行於人道요(五) 若其心念念에 知三惡苦多하고 人
間苦樂相間하고 天上純樂하야 爲天上樂하야 閉六根不出하고 六塵
不入인댄 此起上品善心하야 行於天道요(六) 若其心念念에 欲大威
勢하야 身口意業이 纔有所作에 一切强從인댄 此發欲界主心하야 行
魔羅道요(七) 若其心念念에 欲得利智辯聰과 高才勇哲로 鑒達六合
하야 十方顯顯인댄 此發勝智心하야 行尼揵道요(八) 若其心念念에
五塵六欲의 外樂蓋微하고 三禪之樂은 由如石泉하야 其樂內熏인댄
此發梵心하야 行色無色道요(九) 若其心念念에 知善惡輪環에 凡夫
耽湎이나 賢聖所訶니 破惡由淨慧하고 淨慧由淨禪하고 淨禪由淨戒
하야 尙此三法을 如飢如渴인댄 此發無漏心하야 行二乘道니라(十)
若心若道가 其非甚多나 略擧十耳라하니(結) 今疏에 欲具此十非일
새 故於經文을 委曲而取耳니라

저 지관止觀 문에 말하기를 도道도 또한 통通이 있고 별別이 있나니[132]
지금에 또한 그것을 가려 간략하게 열 가지로 하겠다.
만약 마음이 생각 생각에 탐·진·치를 오로지 하여 그것을 거두어
돌이키지 못하고 그것을 뽑아 벗어나지 못하여 날마다 증장하고

---

132 또한 통通이 있고 별別이 있다고 한 것은 지금 초문에 인용한 바는 다만
이것은 별의 뜻이다. 혹은 말하기를 통의 뜻도 또한 있나니 수라도修羅道의
네 가지 유형과 같은 것이 이것이다 하였다. 역시 『잡화기』의 말이다.

달마다 심화시켜 상품의 십악十惡을 일으키기를 마치 다섯 선제라(五扇提羅)[133]와 같이 한다면 이것은 지옥의 마음을 일으켜 화도火途의 길을 가는 것이요(一)

만약 그 마음이 생각 생각에 권속을 많게 하고자 하는 것이 마치 바다가 흐르는 물을 머금은 것과 같이 하고 불이 땔나무를 태우는 것과 같이 하여 중품中品의 십악을 일으키기를 조달調達이 대중을 유인하는 것과 같이 한다면 이것은 축생의 마음을 일으켜 혈도血途의 길을 가는 것이요(二)

만약 그 마음이 생각 생각에 명성을 얻고자 하여 사방[134]팔방에 칭양하고 찬탄하되 안으로 진실한 공덕이 없고 허망하게 현인과 성인에게 비교하여 하품下品의 십악을 일으키기를 마건제摩揵提[135]와 같이 한다면 이것은 아귀의 마음을 일으켜 도도刀途의 길을 가는 것이요(三)

만약 그 마음이 생각 생각에 저보다 수승하고자 하여 사람에게 하심함을 참지 못하여 다른 사람을 경만하고 자기를 진기하게 하기를 마치 솔개가 높이 날아 인물人物을 아래로 보는 것과 같이 하여

---

133 다섯 선제라(五扇提羅)라고 한 것은 오악五惡의 비구가 각각 석녀石女의 과보를 얻은 것이니 『미증유경未曾有經』하권에 있다. 그러나 『잡화기』는 의심컨대 다 사람의 이름인 듯하나 그러나 아직 그 출처를 보지 못했다 하였다.

134 원문에 사원四遠은 사방의 먼 곳이라는 뜻이다.

135 마건제摩揵提는 『지도론智度論』제일권에 나오는 범지외도梵志外道의 이름이다.

밖으로 인·의·예·지·신을 드날린다면 하품의 선심善心을 일으켜 아수라의 길을 가는 것이요(四)

만약 그 마음이 생각 생각에 세간의 즐거움을 좋아하여 그 냄새 나는 몸을 편안히 하고 그 어리석은 마음을 기쁘게 한다면 이것은 중품의 선심을 일으켜 인간의 길을 가는 것이요(五)

만약 그 마음이 생각 생각에 삼악도는 고통이 많고 인간은 고통과 즐거움이 서로 관계하고 천상은 순전히 즐거운 줄 알아 천상의 즐거움을 위하여 육근을 닫아 나오지 않게 하고 육진에 들어가지 않게 한다면 이것은 상품의 선심을 일으켜 천상의 길을 가는 것이요 (六)

만약 그 마음이 생각 생각에 위력을 키우고자 하여 신·구·의업이 겨우 짓는 바가 있음에 일체가 그쳐 따르게[136] 한다면 이것은 욕계 주인의 마음을 일으켜 마군의 길을 가는 것이요(七)

만약 그 마음이 생각 생각에 예리한 지혜와 변재와 총명과 높은 재주와 용맹함과 슬기로움으로 육합六合을 비춰 요달함을 얻고자 하여 시방이 존중하고 우러러보게[137] 한다면 이것은 수승한 지혜의 마음을 일으켜 니건자尼犍子[138]의 길을 가는 것이요(八)

만약 그 마음이 생각 생각에[139] 오진五塵[140]과 육욕천六欲天의 바깥

---

136 이(弭, 그칠 이)는 미靡로 더불어 같나니, 일체가 바람에 쓰러져 따르는 것과 같다는 것이다. 미靡는 풍미風靡이니 바람 따라 쏠리는 것이다. 이상은 『잡화기』의 말이다.

137 원문에 옹옹顒顒은 존앙尊仰의 뜻이니 즉 존중하고 우러러보는 것이다.

138 니건자尼犍子는 육사외도六師外道의 하나이다.

즐거움은 대개 적게 하고 삼선천의 즐거움은 오히려[141] 석천石泉과 같게[142] 하여 그 즐거움이 안으로 훈습하게 한다면 이것은 범심梵心을 일으켜 색계와 무색계의 길을 가는 것이요(九)

만약 그 마음이 생각 생각에 선악의 윤회 고리에 범부는 빠지지만[143] 현인과 성인은 꾸짖는 바니, 악을 깨뜨리는 것은 청정한 지혜를 인유하고, 청정한 지혜는 청정한 선禪을 인유하고, 청정한 선은 청정한 계를 인유하는 줄 알아 이 세 가지 법을 숭상하기를 주린 것과 같고 목마른 것과 같이 한다면 이것은 무루심을 일으켜 이승의 길을 가는 것이다.(十)

이렇듯 마음과 이렇듯 도가 그 모두 그른 것이 매우 많지만 간략하게 열 가지만 들었을 뿐이다 하였으니, (맺는 것이다)

지금 소문(疏)에 이 열 가지 그른 것을 갖추고자 하였기에 그런 까닭으로 경문을 자세히 취하여[144] 설하였을 뿐이다.

---

139 그 마음이 생각 생각에 운운은 이 사람이 오진과 육욕천에는 탐락貪樂하는 생각이 적지만 저 삼선천의 즐거움에는 탐락하는 생각이 그치지 않는 것이 비유하자면 석천石泉이 그 근원이 쉬지 않는 것과 같은 것이다. 역시 『잡화기』의 말이다.

140 오진五塵이란, 색色·성聲·향香·미味·촉觸이다.

141 由는 오히려 유 자이다.

142 원문에 유여석천由如石泉이라고 한 것은 석천石泉이 안으로부터 유출流出하는 까닭으로 그 삼선의 즐거움이 안으로 훈습함에 비유한 것이다.

143 湎은 '빠질 면' 자이다.

144 경문을 자세히 취하였다고 한 것은 이 위의 소문에 오사五事를 구하지 않는다고 한 이하는 경문에 오사를 취하여 십비十非를 설명한 것을 말한다.

於疏文中에 分二리니 先은 總明이니 卽瑜伽意요 後는 文中不求五事
下는 正釋經文하야 配成十非니라 然不必全爾일새 故致多言이니 以
隨一煩惱하야 有三塗因故니라 又但取意略明하니 但尋上引疏文인
댄 居然易了니라 但人天因이 含其三界니 一은 人이요 二는 欲天이요
三은 上二界라 餘文可知니라 有二乘下는 結成이니 卽前九爲僞요
後一爲偏也니라

소문 가운데 두 가지로 나누리니
먼저는 한꺼번에 밝힌 것이니 곧 『유가론』의 뜻이요
뒤에는 경문 가운데 오사를 구하지 않는다고 한 아래는 바로 경문을
해석하여 열 가지 그른 것을 배속하여 성립한 것이다.
그러나 반드시 완전하게 그런 것만은 아니기에 그런 까닭으로 다분
히(多)라는 말을 이루는 것이니,
하나의 번뇌를 따라 삼악도의 원인이 있는 까닭이다.

또 다만 뜻만을 취하여 간략하게 밝혔으니,
다만 위의 소문에서 인용한 것만 찾아보면 거연히 쉽게 알 수 있을
것이다.
다만 인간과 천상의 원인이 그 삼계를 포함하였으니
첫 번째는 인간이요,
두 번째는 욕계천이요,
세 번째는 위에 두 개 천[145]이다.
나머지 문장은 가히 알 수가 있을 것이다.

이승의 마음이 있는 것이라고 한 아래는 맺어서 성립한 것이니 곧 앞에 아홉 가지는 거짓이 되고, 뒤에 한 가지[146]는 치우친 것이 되는 것이다.

---

145 위에 두 개 천(上二界)은 색계色界와 무색계無色界이다.
146 뒤에 한 가지(後一)는 제십第十에 이승심二乘心이다.

經

但爲永滅衆生苦하야 利益世間而發心하니다

常欲利樂諸衆生하야 莊嚴國土供養佛하며
受持正法修諸智하야 證菩提故而發心하니다

深心信解常淸淨하야 恭敬尊重一切佛하며
於法及僧亦如是하야 至誠供養而發心하니다

深信於佛及佛法하고 亦信佛子所行道하며
及信無上大菩提하야 菩薩以是初發心하니다

다만 중생의 고통을 영원히 소멸하여
세간을 이익케 하기 위하여 발심하였습니다.

항상 모든 중생을 이락케 하고자 하여
국토를 장엄하고 부처님께 공양하며
정법을 받아 가지고 모든 지혜를 닦아
보리를 증득하고자 한 까닭으로 발심하였습니다.

깊은 마음으로 항상 청정한 줄 믿고 알아
일체 부처님을 공경하고 존중하며
법과 그리고 스님에게도 또한 이와 같이 하여

지극정성으로 공양하고자 발심하였습니다.

부처님과 그리고 부처님의 법을 깊이 믿고
또한 불자가 행할 바 도를 믿으며
그리고 더 이상 없는 대보리를 믿어
보살이 이것으로써 처음 발심하였습니다.

疏

後三偈半은 直顯眞正하야 別釋因緣이라 於中初偈는 悲因下救니
嚴土供佛도 亦爲調生故라 滅苦是悲요 利樂是慈라 次一偈半은
大智上供이니 上二不二가 爲眞正發心이라 後偈는 總結成信과
兼信因行이니 其中에 對上四因四緣은 可以意得이라

뒤에 세 게송 반은 바로 진정한 발심을 나타내어 따로 인연을 해석한
것이다.
그 가운데 처음 게송은 대비의 인연으로 아래로 중생을 구제하는
것이니,
국토를 장엄하고 부처님께 공양하는 것도 또한 중생을 조복하기
위한 까닭이다.
중생의 고통을 소멸한다고 한 것은 이것은 대비요,
중생을 이락케 한다고 한 것은 이것은 대자이다.

다음에 한 게송 반은 큰 지혜와 공양을 올리는 것이니,

이상에 둘이 둘이 아닌 것이 진정한 발심이 되는 것이다.

뒤에 게송은[147] 믿음을 이루는 것과 겸하여 믿음의 인행을 모두 맺는 것이니,

그 가운데 위에 네 가지 원인과 네 가지 조연을 상대한 것은 가히 뜻으로써 얻을 것이다.

鈔

其中對上四因四緣等者는 深心信解와 及深信諸佛及佛法은 卽第一에 種性具足因이요 恭敬尊重一切佛은 卽第二에 賴佛菩薩攝受因이니 以恭敬故요 但爲永滅衆生苦는 卽第三多起悲心也요 常欲利樂諸衆生하야 莊嚴國土供養佛은 卽第四에 長時猛利難行苦行也니 四因具矣니라 言四緣者는 恭敬尊重一切佛者는 以見聞神變威力故니 卽第一緣이요 受持正法修諸智者는 以聞法微妙故니 卽第二緣이요 又受持正法者는 見法欲滅故니 卽第三緣이요 但爲永滅衆生苦者는 卽見生受惑業苦니 是第四緣이라 見苦卽緣이요 長悲卽因이니 故雖一文이나 因緣具足이라 此中엔 四力不具일새 故不會之니라

그 가운데 위[148]에 네 가지 원인과 네 가지 조연을 상대한 것이라고

---

147 뒤에 게송 운운은 이 게송으로써 위에 비지悲智로 믿음을 이루는 것과 겸하여 삼인三因 가운데 믿음의 인행(信因)을 모두 맺는 것이다.

한 등은 깊은 마음으로 믿고 아는 것과 그리고 모든 부처님과 그리고 부처님의 법을 깊이 믿는다고 한 것은 곧 제일에 불종성이 구족[149]한 원인이요

일체 부처님을 공경하고 존중한다고 한 것은 곧 제이에 불보살의 섭수를 의지하는 원인이니 공경하는 까닭이요

다만 중생의 고통을 영원히 소멸한다고 한 것은 곧 제삼에 다분히 대비심을 일으키는 원인이요

항상 모든 중생을 이락케 하고자 하여 국토를 장엄하고 부처님께 공양한다고 한 것은 곧 제사에 장시간 용맹하게 행하기 어려운 것을 고행하는 원인이니 네 가지 원인을 구족하였다.

네 가지 조연이라고 말한 것은 일체 부처님을 공경하고 존중한다고 한 것은 부처님의 신통 변화의 위신력을 보고 듣는 까닭이니 곧 제일 조연이요

정법을 받아 가지고 모든 지혜를 닦는다고 한 것은 법의 미묘함을 듣는 까닭이니 곧 제이 조연이요

또 정법을 받아 가진다고 한 것은 정법이 멸하고자 함을 보는 까닭이니 곧 제삼 조연이요

다만 중생의 고통을 영원히 소멸한다고 한 것은 곧 중생이 혹·업·고 받음을 보는 것이니 이것은 제사 조연이다.

---

148 위(上)란, 영인본 화엄 5책, p.233, 4행이다.

149 원문에 종성구족種性具足이란, 此下 영인본 화엄 5책, p.250, 2행엔 종성구족 種性具足이라 삼불성의三佛性義 운운하였으니 참고할 것이다.

고통받음을 보는 것은 곧 조연이요

장시간 대비는 곧 원인이니,

그런 까닭으로 비록 경문은 하나이지만 원인과 조연을 구족하였다.

이 가운데는 네 가지 힘을 구족하지 아니하였기에[150] 그런 까닭으로
네 가지 힘은 회석하지 아니하였다.[151]

疏

又上從不求五欲下는 卽顯信心之德이라 故瓔珞經云호대 修十
信心인댄 須具十德이라하니 今文並具나 但不次耳니라 一은 遭苦
能忍이니 卽前反顯이요 二는 正顯中에 初二句는 卽慈悲深厚요
三에 次句及莊嚴國土는 卽修習善根이니 謂利他善과 及淨土因
故요 四에 有三字는 卽供養諸佛이요 五에 受持一句는 志求勝法이
요 六에 證菩提故는 卽求佛智慧요 七에 一句는 卽深心平等이요
八에 次二句는 卽親近善友요 九에 次二句는 卽心常柔和니 謂至
誠供養하야 柔和善順於佛法故요 十에 有二句는 卽愛樂大乘이니
十德備矣니라

---

150 네 가지 힘을 구족하지 않았다고 한 것은 이미 네 가지 힘을 구족하지
    않았다고 말하였다면 곧 처음에 자력自力과 세 번째 인력因力의 二力인
    줄 알아야 할 것이다. 역시 『잡화기』의 말이다. 사력四力은 영인본 화엄
    5책, p.233, 9행에 이미 나왔다.

151 원문에 회지會之라 한 지之 자는 사력四力이니 영인본 화엄 5책, p.233,
    9행에 先出하였다.

또 위[152]에 오욕을 구하지 않는다고 함으로 좇아 아래는 곧 신심의 공덕을 나타낸 것이다.

그런 까닭으로 『영락경』에 말하기를 열 가지 신심을 닦는다면 반드시 열 가지 공덕을 구족한다 하였으니,

지금의 경문에도 모두 갖추었지만 다만 차례가 같지 않을 뿐이다.

첫 번째는 고통을 만남에 능히 참는 것이니

곧 앞[153]에는 반대로 나타낸 것이요[154]

두 번째는 바로 나타낸[155] 가운데 처음에 두 구절[156]은 곧 자비가 깊고 두터운 것이요

세 번째 다음 구절[157]과 그리고 국토를 장엄한다고 한 것[158]은 곧 선근을 닦아 익히는 것이니,

말하자면 다른 사람을 이락게 하는 선행과 그리고 국토를 청정케 하는 원인인 까닭이요

네 번째 공양불이라는 세 글자가 있는 것은 곧 모든 부처님께 공양하는 것이요

다섯 번째 정법을 받아 가지고 모든 지혜를 닦는다고 한 구절은

---

152 위(上)란, 영인본 화엄 5책, p.239, 9행이다.

153 앞(前)이란, 영인본 화엄 5책, p.239, 9행에 初二句이다.

154 원문에 반현反顯은 즉 영인본 화엄 5책, p.239, 9행에 不求五欲 운운하니, 불구不求란 말이 반현反顯이라는 뜻이다.

155 두 번째 正顯은 영인본 화엄 5책, p.244, 3행이다.

156 원문에 초이구初二句는 단위영멸但爲永滅 아래(下) 이구二句이다.

157 三에 次句는 제삼구第三句이다.

158 원문에 장엄국토莊嚴國土는 제사구第四句이다.

마음으로 수승한 법을 구하는 것이요

여섯 번째 보리를 증득하고자 한 까닭이라고 한 것은 곧 부처님의
지혜를 구하는 것이요

일곱 번째 한 구절[159]은 곧 깊은 마음이 평등한 것이요

여덟 번째 다음에 두 구절은 곧 선지식을 친근하는 것이요

아홉 번째 다음에 두 구절은 곧 마음이 항상 유화한 것이니,
말하자면 지성으로 공양하여 불법에 유화하고 잘 수순하는 까닭이요

열 번째 두 구절이 있는 것은 곧 대승을 사랑하고 좋아하는 것이니
열 가지 공덕을 구비하였다.

鈔

又上從不求五欲下는 重解經文이라 以上來所解는 參古德意어니와
此下는 一向新意니 不干舊解라 文自有五하니 一은 約信德이라 經文
五偈를 應分爲二리니 初一偈는 標信發心이요 後四偈는 彰信之德이
라 今文並具者는 彼經次云호대 一은 親近善友요 二는 供養諸佛이요
三은 修習善根이요 四는 志求勝法이요 五는 心常柔和요 六은 遭苦能
忍이요 七은 慈悲深厚요 八은 深心平等이요 九는 愛樂大乘이요 十은
求佛智慧라하니라 四에 有三字者는 以供養佛字全同故니라

또 위에 오욕을 구하지 않는다고 함으로 좇아 아래라고 한 것은
거듭 경문을 해석한 것이다.

---

159 원문 七에 一句는 정심신해상제정淨心信解常諸淨이다.

상래에 해석한 바는 고덕古德¹⁶⁰의 뜻을 참고하였거니와, 이 아래에
해석은 한결같이 새로운 뜻이니 옛날의 해석에 간여하지 않는다.
경문에 스스로 다섯 가지¹⁶¹가 있나니
첫 번째는 믿음과 공덕을 잡은 것이다.
경문에 다섯 가지 게송¹⁶²을 응당히 나누어 두 가지로 하리니,
처음에 한 가지 게송은 신발심信發心을 표한 것이요
뒤에 네 가지 게송은 믿음의 공덕을 밝힌 것이다.

지금의 경문에도 모두 갖추었다고 한 등은 저 『영락경』의 차례에
말하기를 첫 번째는 선지식을 친근하는 것이요
두 번째는 모든 부처님께 공양하는 것이요
세 번째는 선근을 닦아 익히는 것이요
네 번째는 마음으로 수승한 법을 구하는 것이요
다섯 번째는 마음이 항상 유화한 것이요
여섯 번째는 고통을 만남에 능히 참는 것이요
일곱 번째는 자비가 깊고 두터운 것이요

---

160 여기서 고덕古德은 천태대사天台大師 혹은 현수賢首스님이다.

161 다섯 가지라고 한 것은, 첫 번째는 믿음과 공덕을 잡은 것이고, 두 번째는
보리의 뜻을 잡은 것이고, 세 번째는 불성을 잡은 것이고, 네 번째는 사홍서원
을 잡은 것이고, 다섯 번째는 진정한 발심에 귀결한 것이다. 이 아래 순차대로
나온다.

162 경문에 다섯 가지 게송(經文五偈)은 영인본 화엄 5책, p.231 이하 오게五偈
이다.

여덟 번째는 깊은 마음이 평등한 것이요

아홉 번째는 대승을 사랑하고 좋아하는 것이요

열 번째는 부처님의 지혜를 구하는 것이다 하였다.

네 번째 공양불이라는 세 글자가 있는 것이라고 한 것은 공양불이라
는 글자가 온전히 같은 까닭이다.

疏

又此十德은 卽求菩提之意니 下經休舍云호대 欲敎化調伏一切
衆生을 盡無餘故發菩提心等이라하나라

또 이 열 가지 공덕은 곧 보리를 구하는 뜻이니,
아래 경[163]에 휴사선지식이 말하기를 일체중생을 다 남김없이 교화
하고 조복하고자 하는 까닭으로 보리심을 일으켰다고 한 등이다
하였다.

鈔

又此十德下는 二에 明菩提意라 而云發菩提心等者는 彼廣有文하니
略擧十四하야 廣結無邊거니와 今但擧一하야 以等十三이니 謂二는
欲承事供養一切諸佛을 悉無餘故로 發菩提心이니 其悉無餘下八

---

[163] 아래 경(下經)이란, 입법계품入法界品 휴사선지식장休舍善知識章이다. 선재가
    만난 제팔 선지식으로, 상자翔字 하권, 17장, 상 9행에 있다.

字는 一一皆有하니라 三은 欲嚴淨一切諸佛國土요 四는 欲護持一切
諸佛正敎요 五는 欲成滿一切如來誓願이요 六은 欲往一切諸佛國
土요 七은 欲入一切諸佛衆會요 八은 欲知一切諸世界中諸劫次第
요 九는 欲知一切衆生心海요 十은 欲知一切衆生根海요 十一은 欲
知一切衆生業海요 十二는 欲知一切衆生行海요 十三은 欲滅一切
衆生煩惱海요 十四는 欲拔一切衆生煩惱習氣를 悉無餘故로 發菩
提心이라 善男子야 以要言之컨대 菩薩이 以如是等百萬阿僧祇方便
行故로 發菩提心이니 善男子야 菩薩行이 普入一切法하야 皆證得故
며 普入一切刹하야 悉嚴淨故니라 是故로 善男子야 嚴淨一切世界盡
하야사 我願乃盡이며 拔一切衆生煩惱習氣盡하야사 我願乃滿이라하
니라 釋曰上皆菩提心所爲也니 對今經文인댄 可以意得이라

또 이 열 가지 공덕이라고 한 아래는 두 번째 보리를 구하는 뜻을
밝힌 것이다.
그러나 보리심을 일으켰다고 한 등이라고 말한 것은 저 아래 경[164]에
널리 이 문장이 있나니, 열네 가지를 간략하게 들어서 끝이 없음을
널리 맺었거니와 지금에는 다만 한 가지만 들어서 열세 가지를
비등比等한 것이니,
말하자면 두 번째는 일체 모든 부처님을 다 남김없이 받들어 섬기고
공양하고자 하는 까닭으로 보리심을 일으키나니 그 실무여悉無餘라
고 한 아래에 여덟 글자[165]는 낱낱 발심에 다 있다.

---

164 아래 경(下經)이란, 역시 휴사선지식장休舍善知識章이다.

세 번째는 일체 모든 부처님의 국토를 다 남김없이 장엄하여 청정케 하고자 하는 까닭으로 보리심을 일으키는 것이요

네 번째는 일체 모든 부처님의 바른 가르침을 다 남김없이 호지하고자 하는 까닭으로 보리심을 일으키는 것이요

다섯 번째는 일체 여래의 서원을 다 남김없이 이루어 만족하고자 하는 까닭으로 보리심을 일으키는 것이요

여섯 번째는 일체 모든 부처님의 국토에 다 남김없이 가고자 하는 까닭으로 보리심을 일으키는 까닭이요

일곱 번째는 일체 모든 부처님의 중회에 다 남김없이 들어가고자 하는 까닭으로 보리심을 일으키는 것이요

여덟 번째는 일체 모든 부처님의 세계 가운데 모든 시간(劫)의 차례를 다 남김없이 알고자 하는 까닭으로 보리심을 일으키는 것이요

아홉 번째는 일체중생의 마음 바다를 다 남김없이 알고자 하는 까닭으로 보리심을 일으키는 것이요

열 번째는 일체중생의 근성의 바다를 다 남김없이 알고자 하는 까닭으로 보리심을 일으키는 것이요

열한 번째는 일체중생의 업의 바다를 다 남김없이 알고자 하는 까닭으로 보리심을 일으키는 것이요

열두 번째는 일체중생의 행의 바다를 다 남김없이 알고자 하는 까닭으로 보리심을 일으키는 것이요

---

165 그 실무여悉無餘라고 한 아래에 여덟 글자 운운은 第三으로부터 第十三까지는 이 여덟 글자(此八字)를 생략하였기에 하는 말이다. 즉 悉無餘故 發菩提心 여덟 글자(八字)이다.

열세 번째는 일체중생의 번뇌의 바다를 다 남김없이 소멸하고자 하는 까닭으로 보리심을 일으키는 것이요

열네 번째는 일체중생의 번뇌의 습기를 다 남김없이 뽑아 주고자 하는 까닭으로 보리심을 일으키는 것이다.

선남자야, 요要를 말한다면 보살이 이와 같은 등 백만 아승지 방편행인 까닭으로 보리심을 일으키나니

선남자야, 보살의 행이 널리 일체법에 들어가서 다 증득하는 까닭이며, 널리 일체 세계에 들어가서 다 장엄하여 청정케 하는 까닭이다.

이런 까닭으로 선남자야, 일체 세계를 장엄하여 청정케 하기를 다 하여야 나의 서원이 이에 다할 것이며,

일체중생의 번뇌의 습기를 뽑아 주기를 다하여야 나의 서원이 이에 만족할 것이다 하였다.

해석하여 말하면 이상은 다 보리심을 일으키는 소행[166]이니,

지금에 경문을 상대한다면 가히 뜻으로 얻을[167] 수 있을 것이다.

疏

又末後偈에 初句는 卽自性住佛性이니 以信心佛衆生이 無差別故로 方是眞法이니 可謂深信이요 次句는 卽引出佛性이요 後句는 卽至得果性이라

---

166 원문에 소위所爲는 곧 소행所行이다.
167 得이란, 알다, 깨닫다의 뜻도 있다.

또 말후의 게송에 처음 구절은[168] 자성이 머무는 불성이니,
마음과 부처와 중생이 차별이 없는 까닭으로 바야흐로 진실한 법임
을 믿는 것이니 가히 깊이 믿는다고 말하는 것이요
다음 구절은 곧 이끌어내는 불성이요
뒤에 구절[169]은 곧 과위果位[170]를 얻음에 이르는 불성이다.

鈔

又末後偈下는 三에 約佛性이니 卽隨難하야 重顯種性具足이라 三佛
性義는 卽佛性論第二卷에 第三顯體分三因品이니 論云호대 復次佛
性體有三種하니 三性所攝義라 應知三種者는 所謂三因과 三種佛
性이니 三因者는 一은 應得因이요 二는 加行因이요 三은 圓滿因이라
初는 卽二空所顯眞如니 由此應得菩提心과 乃至道後法身故요 二
에 加行因者는 謂菩提心이니 由此心故로 得三十七品과 十度十地와
乃至道後法身이요 三에 圓滿因者는 卽加行이니 由此故로 得一切圓
滿이라 三種佛性者는 應得因中에 具有三性하니 一은 住自性性이요
二는 引出性이요 三은 至得果性이라하니라 釋曰住自性者는 謂道前
凡夫位요 引出性者는 從發心已上으로 窮有學聖位요 至得果性者는
無學聖位라

---

168 처음 구절 운운은 이 가운데 세 가지 불성(心·佛·衆生)은 다 소신所信에
　　나아가 말한 것이다. 역시 『잡화기』의 말이다.
169 뒤에 구절(後句)은 제삼구第三句이다.
170 과위果位는 무학성위無學聖位이다.

또 말후의 게송이라고 한 아래는 세 번째 불성을 잡은 것이니, 곧 비난함을 따라서 불종성이 구족한 것을 거듭 나타낸 것[171]이다. 세 가지 불성의 뜻은 곧 『불성론』제이권에 제 세 번째 현체분삼인품顯體分三因品이니, 논에 말하기를 다시 불성의 자체가 세 가지가 있나니[172] 삼성三性의 섭수한 바 뜻이다.

응당히 알아라. 세 가지라고 한 것은 말하자면 세 가지 원인과 세 가지 불성[173]이니,

세 가지 원인이라고 한 것은 첫 번째는 응득인應得因[174]이요,

---

171 원문에 수난중현종성구족隨難重顯種性具足이라고 한 것은 上 17장 5행(영인본 화엄 5책, p.245, 5행)엔 이 말후일게末後一偈에 初句로 第一에 종성구족種性具足을 삼았지만, 여기 뜻은 비난함을 잠재우기 위한 까닭으로 거듭 종성구족種性具足을 나타낸 것이다. 末後一偈에 初句란 심신어불급불법深信於佛及佛法이다.

172 불성의 자체가 세 가지가 있다고 한 것은 저 『불성론』제이권을 검증함에 곧 자체를 나타내는 분分 가운데 두 품이 있나니 처음에는 삼인품三因品이고, 두 번째는 삼성품三性品이다. 지금에 인용한 바 불성의 자체가 세 가지가 있다는 것과 삼성의 섭수한 바 뜻이라고 한 것은 저 삼인품 가운데 한꺼번에 표한 바이고, 세 가지라고 한 아래는 저 삼인품 가운데 세 가지 문장을 해석한 것이다. 만약 삼성의 섭수한 바 뜻이라고 하였다면 저 삼성품 가운데 바야흐로 첩석한 것이니, 이것은 곧 지금에 인용할 바는 아니다. 삼성三性이라고 한 것은 세 가지 자성(三自性)과 세 가지 무성(三無性)이라 하였으니, 세 가지 불성(三佛性)을 말한 것이 아니다. 이상은 다 『잡화기』의 말이다.

173 세 가지 원인과 세 가지 불성이라고 한 것은 그 뜻에 말하기를 세 가지 불성이 이 세 가지 원인(三因) 가운데 첫 번째 응득인應得因에 구족한 바 세 가지 불성이다. 역시 『잡화기』의 말이다.

174 첫 번째 응득인이라고 한 등은 저 『불성론』제이권에 말하기를 처음에

두 번째는 가행인加行因이요,

세 번째는 원만인圓滿因이다.

첫 번째 응득인은 곧 이공二空의 나타난 바 진여이니,

이것을 인유하여 응당히 보리심과 내지 견도 후에 법신[175]을 얻는 까닭이요

두 번째 가행인[176]은 말하자면 보리심이니,

이 보리심을 인유한 까닭으로 삼십칠조도품과 십바라밀과 십지와 내지 견도 후에 법신을 얻는 것이요

세 번째 원만인은 곧 가행加行[177]이니,

응득인은 무위의 여리如理로 자체를 삼고, 뒤에 가행·원만 두 가지 원인은 유위의 서원과 행으로 자체를 삼는다 하니 더불어 세 가지 원인이 다 의주석이 거니와, 만약 제 세 번째 원만인이라고 한다면 곧 원인이 원만함을 잡는다면 곧 지업석이고, 과보의 원만함을 잡는다면 곧 의주석이다. 역시 『잡화기』의 말이다.

175 원문에 도후道後에 법신이라고 한 것은 곧 견도見道 후에 법신이다. 역시 『잡화기』의 말이다.

176 가행인加行因이라고 한 것은 견도見道 후에 법신法身은 곧 이지二地로부터 십지十地에 이르기까지 지지地地마다 견도見道가 있는 까닭이다. 초지初地로 부터 십지十地를 법신위法身位, 범부凡夫와 십신十信을 불각不覺, 이승二乘과 삼현三賢을 상사각相似覺, 법신보살法身菩薩을 수분각隨分覺, 보살지菩薩地가 다함을 구경각究竟覺이라 한다.

177 가행이라고 한 것은 곧 두 번째 가행인 가운데서 얻은 바 삼십칠조도품 등이 이것이다. 저 『불성론』 제이권에 갖추어 말하기를 원만인이라고 한 것은 곧 가행인이니, 이것을 인유한 까닭으로 인과가 원만함을 얻나니 원인이 원만한 것은 곧 복덕과 지혜와 행이고, 과보가 원만한 것은 지덕과 단덕과

이 가행을 인유한 까닭으로 일체 원만함을 얻는 것이다.

세 가지 불성이라고 한 것은 응득인 가운데 삼성을 갖추고 있나니
첫 번째는 자성이 머무는 불성이요,
두 번째는 이끌어내는 불성이요,
세 번째는 과위를 얻음에 이르는 불성이다 하였다.
해석하여 말하면 자성이 머무는 불성이라고 한 것은 말하자면 견도
이전의 범부위位요[178]
이끌어내는 불성이라고 한 것은 발심한 이상으로 좇아 유학有學의
성위聖位를 다한 것이요
과위를 얻음에 이르는 불성이라고 한 것은 무학無學의 성위聖位이다.

疏

又文有四弘하니 可以意得이라

또 경문에 사홍서원이 있나니
가히 뜻으로 얻을 수 있을 것이다.

은덕을 말하는 것이다. 이상은 다 『잡화기』의 말이다. 가행인加行因의 因
자는 연자衍字이다.

178 견도 이전의 범부위라고 한 것은 곧 삼현三賢 이하이고, 바로 아래 발심이라
한 등은 곧 초지로 좇아 제칠지에 이르기까지가 이것이다. 발심이라고
한 것은 곧 증발심인 까닭이고, 무학위라고 한 것은 곧 팔지 이상이다.
역시 『잡화기』의 말이다.

鈔

又文有四弘等者는 四에 約四弘也니 文中에 不求五欲等은 卽顯煩
惱無邊誓願斷이요 但爲永滅衆生苦는 卽衆生無邊誓願度요 受持
正法修諸智는 卽法門無盡誓願學이요 證菩提故는 卽佛道無上誓
願成이라

또 경문에 사홍서원이 있다고 한 등은 네 번째 사홍서원을 잡은
것이니,
경문 가운데 오욕 등을 구하지 않는다고 한 것은 곧 번뇌가 끝이
없지만 끊기를 서원한다고 한 것을 나타낸 것이요
다만 중생의 고통을 영원히 소멸한다고 한 것은 곧 중생이 끝이
없지만 제도하기를 서원한다고 한 것을 나타낸 것이요
정법을 받아 가지고 모든 지혜를 닦는다고 한 것은 곧 법문이 끝이
없지만 배우기를 서원한다고 한 것을 나타낸 것이요
보리를 증득하고자 한 까닭이라고 한 것은 곧 불도가 더 이상 없지만
이루기를 서원한다고 한 것을 나타낸 것이다.

疏

又上云深心信解常淸淨者는 與理相應하야사 方曰深心이라하니
라 若昔染今淨인댄 淨則有始요 始卽必終이니 非常淨也어니와 信
煩惱卽菩提라사 方爲常淨이라 由稱本性而發心故로 本來是佛이

라 更無所進이 如在虛空거니 退至何所리요 慨衆生之迷此하야 起
同體大悲하고 悼昔不知하야 誓期當證하나라 有悲故로 不爲無邊
所寂하고 有智故로 不爲有邊所動하며 不動不寂하야 直入中道가
是謂眞正發菩提心이니라

또 위에서 말하기를 깊은 마음으로 항상 청정한 줄 믿고 안다고
한 것은 진리로 더불어 상응하여야 바야흐로 말하기를 깊은 마음이
라 하는 것이다.
만약[179] 옛날에 더러웠다가 지금에 청정하다면 청정한 것은 곧 반드
시[180] 시작이 있는 것이고, 시작이 있는 것은 반드시 마침이 있는
것이니 항상한 청정한[181] 것이 아니거니와 번뇌가 곧 보리인 줄
믿어야 바야흐로 항상 청정한 것이 되는 것이다.
그 청정한 본성에 칭합하여 발심함을 인유한 까닭으로 본래 이
부처라 다시 정진할 바가 없는 것이 마치 허공에 있는 것과 같거니
물러난들 어느 곳에 이르겠는가.
중생이 이것을 미혹한 것을 슬퍼하여 동체대비를 일으키고 옛날에
알지 못한 것을 슬퍼하여 서원코 당래에 증득할 것을 기약하는
것이다.
대비가 있는 까닭으로 무변無邊에 적멸한 바가 되지 않고, 대지가
있는 까닭으로 유변有邊에 동요한 바가 되지 아니하며,

---

179 者 자는 若 자의 잘못이다.
180 필시必始라 한 필必 자는 소본엔 유有 자이다.
181 信 자는 淨 자의 잘못이다.

동요하지도 않고 적멸하지도 아니하여 바로 중도에 들어가는 것이 이것이 진정한 보리심을 일으키는 것이다 말하는 것이다.

鈔

又上云深心等下는 第五에 結歸眞正이라 先은 顯眞正菩提心體가 有其三意하니 初는 約三心菩提요 二는 約三觀이요 三은 約四弘이라 今初는 明大智心이요 次에 慨衆生迷此下는 大悲心이요 後에 悼昔不 知下는 大願心이니 卽菩提心燈에 大悲爲油하고 大願爲炷하야 光照 法界라 故上如次하야 卽直心과 大悲心과 深心也라 二에 約三觀者는 悲願은 爲假觀이요 前大智心中에 直明本性淸淨은 卽是空觀이요 煩 惱卽菩提本來是佛은 卽中道觀이라 三에 約四弘者는 初通立理니 以是圓敎四弘일새 故稱性明之니라 次에 信煩惱卽菩提下는 別顯四 弘이니 初는 卽煩惱無邊誓願斷이요 二에 由稱本性而發心故下는 卽 佛道無上誓願成이요 三에 慨衆生迷此下는 衆生無邊誓願度요 四에 悼昔不知下는 法門無盡誓願學이라 此明四弘은 卽指上四弘이나 上 但指文거니와 今將深心之言하야 會通此四하야 令圓妙耳니라

또 위에서 말하기를 깊은 마음으로라고 한 등 아래는 다섯 번째 진정한 발심에 귀결한 것이다.[182]

---

[182] 진정한 발심에 귀결한 것이라고 한 아래에 타본에는 그 가운데 두 가지가 있나니, 먼저는 진정한 보리심의 자체를 나타낸 것이요, 뒤에는 바로 귀결한 것이다. 앞의 가운데 뜻이라는 말이 더 있으니 참고하라.

먼저는 진정한 보리심의 자체를 나타내는 것이 그 세 가지 뜻이 있나니

처음에는 삼심의 보리를 잡은 것이요,

두 번째는 삼관을 잡은 것이요

세 번째는 사홍서원을 잡은 것이다.

지금은 처음으로 대지심大智心을 밝힌 것이요

다음에 중생이 이것을 미혹한 것을 슬퍼한다고 한 아래는 대비심을 밝힌 것이요

뒤에 옛날에 알지 못한 것을 슬퍼한다고 한 아래는 대원심을 밝힌 것이니,

곧 보리심 등불에 대비가 기름이 되고 대원이 심지가 되어[183] 빛이 법계를 비추는 것이다.

그런 까닭으로 위에 말은 차례와 같이[184] 곧 직심直心과 대비심과 심심深心이라 할 것이다.

두 번째 삼관을 잡은 것이라고 한 것은 대비심과 대원심은 가관假觀이 되고, 앞에 대지심 가운데 바로 본성이 청정한 것을 밝힌 것은 곧 이것은 공관空觀이 되고, 번뇌가 곧 보리라 본래 이 부처[185]라고

---

183 대원이 심지가 된다고 한 아래에 타본에는 대지가 빛이 된다(大智爲光)는 말이 더 있다.

184 원문에 상여차즉上如次卽 운운은 初에 대지심大智心은 직심直心이고, 次에 대비심大悲心은 대비심大悲心이고, 後에 대원심大願心은 심심深心이라는 말이다.

한 것은 곧 중도관이 되는 것이다.

세 번째 사홍서원을 잡은 것이라고 한 것은 처음에는 한꺼번에 진리를 세운 것이니,

이 원교의 사홍서원이기에 그런 까닭으로 본성에 칭합하여 밝힌 것이다.

다음에 번뇌가 곧 보리임을 믿는다고 한 아래는 따로 사홍서원을 나타낸 것이니,

처음에는 곧 번뇌가 끝이 없지만 끊기를 서원한다는 것을 나타낸 것이요

두 번째 그 청정한 본성에 칭합하여 발심함을 인유한 까닭이라고 한 아래는 곧 불도가 더 이상 없지만 이루기를 서원한다는 것을 나타낸 것이요

세 번째 중생이 이것을 미혹한 것을 슬퍼한다고 한 아래는 중생이 끝이 없지만 제도하기를 서원한다고 한 것을 나타낸 것이요

네 번째 옛날에 알지 못한 것을 슬퍼한다고 한 아래는 법문이 끝이 없지만 배우기를 서원한다고 한 것을 나타낸 것이다.

여기에서 사홍서원을 밝힌 것은 곧 위에서 밝힌 사홍서원을 가리킨 것이지만 위에서는 다만 문장만 가리켰거니와, 지금에는 깊은 마음 이라는 말을 가져 이 사홍서원을 회통하여 하여금 원만하고 묘하게

---

185 원문에 번뇌즉보리煩惱卽菩提 본래시불本來是佛이라고 한 것은 바로 위에 煩惱卽菩提 운운이라 하며, 그 뒤에 本來是佛이라 한 것을 말한다.

한 것이다.

有悲故下는 正結歸이니 謂上雖多義나 不出悲智일새 故今結之니 卽
結上疏文과 及經文耳라 故止觀第五에 明十法成乘中에 第二眞正
發菩提心云호대 旣深識不思議境인댄 一苦一切苦일새 自悲昔苦에
起惑耽湎하며 乃至云思惟彼我하며 鯁痛自他하고 卽起大悲하야 興
兩誓願하나니 衆生無邊誓願度와 煩惱無邊誓願斷이라 衆生雖如虛
空이나 誓度如空之衆生하고 雖知煩惱無所有나 誓斷無所有之煩惱
하며(上二卽空觀) 雖知衆生甚多나 而度多多之衆生하고 雖知煩惱
無邊底나 而斷無邊底之煩惱하며(假觀) 雖知衆生如佛이나 而度如
佛之衆生하고 雖知煩惱如實相이나 而斷如實相之煩惱하나니(中
觀) 何者오 若但拔苦因하고 拔苦果인댄 此誓雜毒일새 故須觀空이요
若偏觀空인댄 則不見衆生可度일새 是名著空者니 諸佛所不化요 若
偏見衆生可度인댄 則墮愛見大悲일새 非解脫道니라 今則非毒非僞
일새 故名爲眞이요 非空邊非有邊일새 故名爲正이니 如鳥飛空에 終
不住空하며 雖不住空이나 跡不可尋하야 雖空而度하며 雖度而空이
라 是故로 誓與虛空共鬪일새 故名眞正發菩提心이라하니라 釋曰此
上은 釋須三觀所以니라

대비가 있는 까닭이라고 한 아래는 두 번째 바로 귀결한 것이니,
말하자면 위에 비록 뜻이 많이 있지만 대비와 대지를 벗어나지
않기에 그런 까닭으로 지금에 그것을 맺는 것이니,
곧 위에 소문과 그리고 경문을 맺는 것이다.

그런 까닭으로 지관止觀 제오권에[186] 십법이 승乘을 이루는 가운데 제 두 번째 진정한 보리심을 일으키는 것을 밝혀 말하기를 이미 불가사의한 경계[187]를 깊이 알았다면 나의 한 고통이 일체중생의 고통이기에 스스로 옛날의 고통에 미혹을 일으켜 빠지는[188] 것을 슬퍼하며 내지 말하기를 저와 나를 사유하며 자타의 고통을 뼈[189]아프게 여기고, 곧 대비심을 일으켜 두 가지 서원을 일으키나니

중생이 끝이 없지만 제도하기를 서원한 것과 번뇌가 끝이 없지만 끊기를 서원한 것이다.

중생이 비록 허공과 같지만[190] 허공과 같은 중생을 제도하기를 서원하고, 비록 번뇌가 있는 바가 없는 줄 알지만 있는 바가 없는 번뇌를 끊기를 서원하며 (위에 두 가지는 공관이다)

비록 중생이 매우 많은 줄 알지만 많고 많은 중생을 제도하기를 서원하고, 비록 번뇌가 끝이 없는 줄 알지만 끝이 없는 번뇌를 끊기를 서원[191]하며 (이것은 가관이다)

---

186 원문에 지관제오止觀第五 운운은 영인본 화엄 5책, p.240, 8행에 이미 나왔다.

187 불가사의한 경계라고 한 것은 중생은 이 교화할 바 경계이고, 번뇌는 이 끊을 바 경계인 까닭이니 이 두 가지는 경계에 속하는 것이다. 아래 법문과 보리로써 불가사의한 마음을 삼은 것(영인본 화엄 5책, p.255, 4행 又云 이하)은 이 두 가지는 다 마음에 속하는 까닭이다. 역시 『잡화기』의 말이다.

188 湎은 '빠질 면' 자이다.

189 鯁은 '뼈 경' 자이다.

190 원문에 중생수여허공衆生雖如虛空이라고 한 것은 중생衆生이 본무本無란 말, 즉 공空이란 말이다.

191 원문에 이도而度의 而 자는 위에서처럼 쓸 자가 좋다. 此下에 이단而斷의 而

비록 중생이 부처님과 같은 줄 알지만 부처님과 같은 중생을 제도하기를 서원하고, 비록 번뇌가 실상과 같은 줄 알지만 실상과 같은 번뇌를 끊기를 서원하나니 (이것은 중도관이다)

무엇 때문인가.

만약 다만 고통의[192] 원인만 뽑아내고 고통의 과보만 뽑아내려고 한다면 이런 서원은 잡독雜毒이기에 그런 까닭으로 반드시 공인 줄 관찰해야 할 것이요

만약 치우쳐 공인 줄만 관찰한다면 곧 중생 가히 제도할 것을 보지 못하기에 이 이름이 공에 집착한 것이니 모든 부처님이 교화하지 못할 바요

만약 치우쳐 중생 가히 제도할 것만 본다면 곧 애견愛見의 대비에 떨어지기에 해탈도가 아닌 것이다.

지금에는 곧 잡독의 서원도 아니고[193] 거짓의 서원도 아니기에[194]

자도 그렇다. 중도관中道觀에 而度의 而 자와 而斷의 而 자도 誓 자가 좋다.

192 만약 다만 고통 운운은 이 세 번의 약若 자가 차례와 같이 공空·가假·중中 삼관의 까닭을 말하고 있나니, 제 세 번째 가운데 애견愛見의 대비에 떨어진다고 한 것은 중생이 곧 부처임을 보지 못함을 인유한 까닭이다. 이상은 『잡화기』의 말이다. 이 사기私記에 세 번의 약若 자라고 한 것은 여기 약단고인若但苦因이라 한 약 자와 이 다음에 약편관공若偏觀空이라 한 약 자와 이 다음 다음에 약편중생若偏衆生이라 한 약 자가 이것이다.

193 지금에는 곧 잡독의 서원도 아니라고 한 등은 대개 이 공과 유가 이 잡독과 거짓의 뜻을 상대해서는 이름을 진발심이라 하고, 공과 유가 이 치우친 뜻을 상대해서는 이름을 정발심이라 하는 것이다. 역시 『잡화기』의 말이다.

194 원문에 금즉비독今則非毒이라고 한 아래는 공관고空觀故로 非毒이요 가관고

그런 까닭으로 이름을 진眞발심이라 하고, 공변空邊의 서원도 아니고 유변有邊의 서원도 아니기에 그런 까닭으로 이름을 정正발심이라 하나니,

마치 새가 허공을 날아감에[195] 마침내 자취가 허공에 머물지 아니하며, 비록 허공에 머물지 않지만 자취를 가히 찾을 수 없는 것과 같아서 비록 허공이지만 지나가며 비록 지나갔지만 허공인 것이다. 이런 까닭으로 서원이 허공으로 더불어 함께 다투기에 그런 까닭으로 이름을 진정한 보리심을 일으키는 것이다 하였다.

해석하여 말하면 이 위[196]에는 삼관三觀을 수구하는 까닭을 해석한 것이다.

又云又識不思識心인댄 一樂心이 一切樂心이라 我及衆生이 昔雖求樂이나 不知樂因이 如執瓦礫하야 謂如意珠하고 妄指螢光하야 呼爲日月이러니 今方始解일새 故起大悲하야 興兩誓願하나니 謂法門無盡誓願知와 無上佛道誓願成이라 雖知法門이 永寂如空이나 誓願修行永寂하고 雖知菩提無所有나 無所有中에 吾故求之하며(上卽空觀) 雖知法門이 如空無所有나 而有誓願하야 如畵繪莊嚴虛空하고 雖知佛道가 非成所成이나 如空中種樹하야 使得華果하며(名假觀也) 雖知法門及佛果가 非修非不修요 非證得非不證得이나 以無所證으로 而

───────────

　　假觀故로 非僞요 중관고中觀故로 非空非有이다.

195 마치 새가 운운한 두 구절은 공이 곧 가假인 것이고, 그 아래 비록 허공에 운운한 두 구절은 가假가 곧 공인 것이다. 역시 『잡화기』의 말이다.

196 이 위(此上)란, 영인본 화엄 5책, p.254, 7행에 何者라고 한 이하를 말한다.

證而得이니(中觀也) 是名非僞非毒일새 名之爲眞이요 非空非愛見일
새 名之爲正이니 如是慈悲誓願이 與不思議境智로 非前非後하야 同
時俱起일새 慈悲卽智慧며 智慧卽慈悲니라 無緣無念하야 普覆一切
하야 任運拔苦하고 自然與樂호대 不同毒害하며 不同但空하며 不同
愛見일새 是名眞正發菩提心이라하니라 釋曰但觀上所引之文인댄
疏文居然易了니 卽撮其大意하야 而爲此疏하야 顯經深玄이라 然此
經上下에 菩提心義가 文理淵博거늘 見其撮略일새 故取而用之하고
引而證之하니라

또 지관에 말하기를 또 불가사의한 마음을 알았다면 나의 한 즐거운
마음이 일체중생의 즐거운 마음이다.
나와 그리고 중생이 옛날에 비록 즐거움을 구하였지만 즐거움의
원인을 알지 못한 것이 마치 기와와 자갈을 고집하여 여의주라
말하고 반딧불을 잘못 가리켜 일월日月이라 부르는 것과 같더니,
지금에사 바야흐로 처음 알았기에 그런 까닭으로 대비심을 일으켜
두 가지 서원을 일으키나니,
말하자면 법문이 끝이 없지만 알기를 서원한 것과 더 이상 없는
불도를 이루기를 서원한 것이다.
비록 법문이 영원히 적멸하여 허공과 같은 줄 알지만 영원히 적멸한
법문을 수행하기를 서원하고, 비록 보리가 있는 바가 없는 줄 알지만
있는 바가 없는 가운데 내가 짐짓 구하기를 서원하며(위에는 곧
공관이다)
비록 법문이 허공과 같아서 있는 바가 없는 줄 알지만 서원을 두어

허공을 그림으로 장엄하는 것과 같이[197] 하고, 비록 불도가 이루는 것도 이룰 바도 아닌 줄 알지만 허공 가운데 나무를 심어 하여금 꽃과 과실을 얻게 함과 같기를 서원하며(이름이 가관이다)

비록 법문과 그리고 불과佛果가 닦을 것도 아니고 닦지 아니할 것도 아니고 증득할 것도 아니고 증득하지 아니할 것도 아닌 줄 알지만 증득할 바가 없는 것으로써 증득하여 얻기를 서원하는 것이니(이것은 중도관이다)

이 이름이 거짓의 서원도 아니고 잡독의 서원도 아니기에 이름을 진발심이라 하고, 공변의 서원도 아니고 애견의 대비도 아니기에 이름을 정발심이라 하나니,

이와 같이 자비와[198] 서원이 불가사의한 경계와 지혜[199]로 더불어 앞도 아니고 뒤도 아니어서 동시에 함께 일어나기에 자비가 곧 지혜이며 지혜가 곧 자비인 것이다.

반연도 없고 생각도 없어 널리 일체중생을 덮어 마음대로 고통에서 뽑아주고 자연스레 즐거움을 주되[200] 잡독으로 해롭게 함과 같지 아니하며,[201] 다만 공과 같지 아니하며, 애견의 대비와 같지 아니하기

---

197 원문에 서원誓願 아래에 如 자가 있는 것이 좋다.

198 이와 같이 자비라고 한 아래는 이단二段을 모두 맺는 것이니, 바로 아래 지혜라고 한 것은 곧 마음의 다른 이름이라 하겠다. 역시 『잡화기』의 말이다.

199 원문에 부사의경지不思議境智라고 한 것은, 境은 곧 一苦一切苦이고, 智는 곧 一樂一切樂이다.

200 원문에 발고여락拔苦與樂이라고 한 것은 자비慈悲를 따로 밝힌 것이지만 지혜智慧를 떠나지 않는 까닭으로 임운자재任運自在한 것이다.

201 원문에 부동독해不同毒害 아래에 三句는 初句에 독해毒害는 假觀이고, 二句에

에 이 이름을 진정한 보리심을 일으키는 것이다 하였다.

해석하여 말하면 다만 위에서 인용한 바 지관止觀의 문장을 관찰한다면 소문疏文을 거연히 쉽게 알 수가 있을 것이니,

곧 그 지관의 문장에 대의만을 찰략하여²⁰² 이 소문을 삼아 이 경의 깊은 뜻을 나타낸 것이다.

그러나 이 『화엄경』의 상·하²⁰³에 보리심의 뜻이 문리文理가 깊고도 넓거늘, 그 천태가 찰략한 것을 보았기에 그런 까닭으로 취하여 쓰고 인용하여 증거²⁰⁴하였다.

단공但空은 空觀이고, 三句에 애견愛見은 中觀이다.

202 대의만 찰략하였다고 한 것은 그 대의는 천태지관의 대의이다. 이 『화엄경』에 보리심의 뜻이 깊고도 넓거늘 그러나 천태가 찰략한 것을 보았기에 그런 까닭으로 지금 소문 가운데 취하여 쓰고, 초문 가운데 인용하여 증거한 것이다. 이상은 유망기의 뜻이다.

203 그러나 이 『화엄경』의 상·하라고 한 것은 『잡화기』에 말하기를 그 뜻에 말하되 이 『화엄경』이 문장과 이치가 깊고도 넓거늘, 소가가 저 천태의 지관 가운데 그 경문을 찰략한 것을 본 까닭으로 초가가 그 찰략한 것을 보고 드디어 초문 가운데 갖추어 취하고 증거한 것이니, 대개 초문 가운데 갖추어 인용한 뜻을 설출한 것이라 하였다. 이 『잡화기』의 말은 위에 주석과 크게 차이가 없다 할 것이다.

204 원문에 취용取用이라고 한 등은 지금(今)의 소문(疏) 중에는 취용取用이고, 초문(鈔) 중에는 인증引證이다.

經

信爲道元功德母니　長養一切諸善法하며
斷除疑網出愛流하야　開示涅槃無上道니이다

믿음은 도의 근원이자 공덕의 어머니가 되나니
일체 모든 선법을 장양하며
의심의 그물을 끊어 제거하고 사랑의 강물을 벗어나
열반의 더 이상 없는 도를 열어 보입니다.

疏

第二에 信爲道元下에 七頌은 略示勝能이라 於中에 初一頌은 總標요 次五頌은 別釋이요 後一頌은 總結이니 今初初句는 又標라 道有二義하니 一은 果니 所謂菩提涅槃이요 二는 因이니 謂三賢十聖이 乘一直道라 元亦二義니 一은 本義니 菩提本故가 其猶滔滔之水가 始於濫觴이요 二는 首義니 元者는 善之長也니 卽一因之初라 功德二義니 通因及果라 母有二義하니 生長養育이라 下三句는 共釋初句니 長養은 卽母二義며 亦道元義라 一切善法과 及第二句는 卽因功德이요 第三一句는 卽果功德이요 無上道者는 卽大菩提니 由信長善하야 得此菩提하며 由信斷疑出愛하야 成涅槃證하나니 不信身心으로 如來知見인댄 豈能開示菩提涅槃이리요

제 두 번째 믿음은 도의 근원이 된다고 한 아래에 일곱 게송은 수승한 능력을 간략하게 보인 것이다.

그 가운데 처음에 한 게송은 한꺼번에 표한 것이요

다음에 다섯 게송은 따로 해석한 것이요

뒤에 한 게송은 모두 맺는 것이니,

지금은 처음으로 처음 구절은 또한 표[205]한 것이다.

도道에 두 가지 뜻이 있나니,

첫 번째는 과보[206]이니 말하자면 보리열반[207]이요,

두 번째는 원인이니 말하자면 삼현과 십성이 하나의 바른 도를 타는 것이다.

근원(元)에 또한 두 가지 뜻이 있나니,

첫 번째는 근본의 뜻[208]이니 보리의 근본인 까닭이 그 마치 도도히 흐르는 물이 남상濫觴의 물에서 시작한 것과 같은 것이요

두 번째는 처음[209]의 뜻[210]이니 근원(元)이라고 한 것은 선법을 장양하

---

205 원문에 우표又標라고 한 것은, 믿음은 도원道元이고 공덕모功德母라고 표한 것이다.

206 첫 번째 과보라고 한 것은 원통의 뜻을 취한 것이고, 바로 아래 두 번째 원인이라고 한 것은 이것을 인유하여 있는 뜻을 취한 것이다. 삼현과 십성이 하나의 바른 도라고 한 것은 수자권收字卷 일권에 깊고도 깊다고 한 가운데 두 가지 뜻을 해석한 것이 있다.

207 보리열반菩提涅槃은 곧 소증지과所證之果이고, 삼현십성三賢十聖은 능증지인能證之因이다.

208 첫 번째 근본의 뜻이라고 말한 것은 과보를 바라보고 말한 것이다.

209 首는 처음이라는 뜻이다.

는 것이니 곧 한 원인[211]의 시초인 것이다.

공덕에 두 가지 뜻이 있나니 원인과 그리고 과보에 통하는 것이다.

어머니에 두 가지 뜻이 있나니 생장과 양육[212]이다.

아래에 세 구절은 함께 처음 구절을 해석한 것이니

장양이라고 한 것은 곧 어머니에 두 가지 뜻[213]이며, 또한 도와 근원
의 뜻[214]이다.

일체선법[215]이라 한 것과 그리고 제 두 번째 구절은 곧 인공덕因功德
이요

제 세 번째 한 구절은 곧 과공덕果功德이요

---

210 두 번째 처음의 뜻이라고 한 것은 스스로의 원인 가운데 처음이 되는 것이다.

211 한 원인이라고 한 것은 『잡화기』에 시·종 모든 원인을 모두 거론한 것이니,
    과보를 상대한 까닭으로 한 원인이라 말한 것이다 하였다.

212 생장이란 원인에 속하고, 양육이란 과보에 속하는 것이다고 『잡화기』는
    말한다.

213 장양이라고 한 것은 곧 어머니에 두 가지 뜻이라고 한 것은 이 장양이라는
    글자가 다만 당구當句에 있어서는 일체 선법을 바라보고 말한 것이기에
    곧 비록 다만 원인 가운데 속하는 것 같지만, 지금에 이미 유독 이 장양이라는
    두 글자만 들어 한꺼번에 논하기에 곧 원인을 생장하고 과보를 양육하는
    뜻이 있는 까닭이다.

214 또한 도와 근원의 뜻이라고 한 것은 이미 앞에서 근원에 두 가지 뜻이
    있다고 하였다면 이 장양이라는 글자가 근본의 뜻에도 통하며 처음의 뜻에도
    통하나니 반드시 장양이라는 두 글자로써 도道와 근원(元)의 두 가지 뜻에
    나누어 배대할 이유는 없다 하겠다. 이상은 역시 『잡화기』의 말이다.

215 일체선법一切善法이란 곧 第二句이다.

더 이상 없는 도라고 한 것은[216] 곧 대보리이니

믿음을 인유하여 선법을 장양하여 이 보리를 얻으며,

믿음을 인유하여 의심을 끊고 사랑을 벗어나 열반의 증과를 성취하나니,

몸과 마음으로 여래의 지견知見을 믿지 아니하면 어찌 능히 보리열반을 열어 보이겠는가.

鈔

一에 本義等者는 意以本義로 爲果德元하고 首義로 爲因德元耳니라 言元者善之長也는 卽周易乾卦文言에 釋乾의 元亨利貞四德云호대 元者는 善之長也요 亨者는 嘉之會也요 利者는 義之和也요 貞者는 事之幹也라 君子體仁은 足以長人이며 嘉會는 足以合禮며 利物은 足以和義며 貞固는 足以幹事니 君子는 行此四德者라 故曰乾元亨利貞이라하니 今但用其一字義耳니라 不信身心下는 反成上義니 知見相은 爲菩提요 知見性은 爲涅槃이라 故法華論에 釋開佛知見하야 爲無上義라하니 謂雙開菩提涅槃이라

첫 번째 근본의 뜻이라고 한 등은 뜻이 근본의 뜻으로써 과덕의 근원을 삼고, 처음의 뜻으로써 인덕의 근원을 삼은 것이다.

근원이라고 한 것은 선법을 장양하는 것이라고 말한 것은 곧 『주역』의 건괘 문언에 건괘의 원元·형亨·이利·정貞[217]의 네 가지 덕을

---

216 더 이상 없는 도라고 한 것은 제사구第四句이다.

해석하여 말하기를 원元이라는 것은 선법을 장양하는 것이요,

형亨이라는 것은 아름다움을 모으는 것이요,

이利라는 것은 의리를 조화하는 것이요,

정貞이라는 것은 일을 근간根幹하는 것이다.

군자가 인덕仁德을 체득하는 것은 족히 사람[218]을 장양하는 것이며,

아름다움을 모으는 것은 족히 예(禮德)에 합하는 것이며,

만물을 이롭게 하는 것은 족히 의리를 조화하는 것이며,

곧음을 지키는 것은 족히 일을 근간하는 것이니

군자는 이 네 가지 덕을 행하는 사람이다.

그런 까닭으로 말하기를 건괘의 원·형·이·정이다 하였으니,

지금에는 다만 그 원元이라는 한 글자만 인용하였을 뿐이다.

몸과 마음으로 여래의 지견을 믿지 아니하면이라고 한 아래는 위에

뜻을 반대로 성립한 것이니,

지견의 모습은 보리가 되고 지견의 자성은 열반이 되는 것이다.

그런 까닭으로 『법화론』에 불지견을 연다는 말을 해석하여 무상無上

의 뜻이 된다 하였으니,

말하자면 보리와 열반을 함께 연다는 것이다.

---

217 원元 — 춘春 — 만물萬物 시초始初 — 인仁

　　형亨 — 하夏 — 만물 자람 — 예禮

　　이利 — 추秋 — 만물 이룸 — 의義

　　정貞 — 동冬 — 만물 거둠 — 지智.

218 인仁은 人의 오자誤字이다.

經

信無垢濁心淸淨이요 滅除憍慢恭敬本이며
亦爲法藏第一財요　爲淸淨手受衆行이니다

信能惠施心無吝이요 信能歡喜入佛法이며
信能增長智功德이요 信能必到如來地이니다

信令諸根淨明利요　信力堅固無能壞며
信能永滅煩惱本이요 信能專向佛功德이니다

信於境界無所著이요 遠離諸難得無難이며
信能超出衆魔路요　示現無上解脫道이니다

信爲功德不壞種이요 信能生長菩提樹며
信能增益最勝智요　信能示現一切佛이니다

믿음은 때도 혼탁함도 없어 마음이 청정하고
교만을 제멸하여 공경하는 근본이 되며
또한 법장의 제일가는 재물이 되고
청정한 손이 되어 수많은 행을 받습니다.

믿음은 능히 은혜롭게[219] 보시하여 마음에 아낌이 없게 하고

---

219 惠는 인자함, 은혜로움의 뜻이다.

믿음은 능히 환희하여 불법에 들어가게 하며
믿음은 능히 지혜와 공덕을 증장케 하고
믿음은 능히 여래의 지위에 반드시 이르게 합니다.

믿음은 육근으로 하여금 맑게 밝게 이롭게 하고
믿음은 그 힘이 견고하여 능히 무너뜨릴 수 없으며
믿음은 능히 번뇌의 근본을 영원히 사라지게 하고
믿음은 능히 부처님의 공덕에 오로지 향하게 합니다.

믿음은 경계에 집착하는 바가 없게 하고
모든 고난을 멀리 떠나 고난이 없음을 얻게 하며
믿음은 능히 수많은 마군의 길을 뛰어나게 하고
더 이상 없는 해탈의 길을 나타내 보입니다.

믿음은 공덕이 파괴되지 않게 하는 종자가 되고
믿음은 능히 보리의 나무를 생장케 하며
믿음은 능히 가장 수승한 지혜를 더하게 하고
믿음은 능히 일체 부처님을 나타내 보입니다.

疏

次에 信無垢濁下는 別顯이라 於中에 有二十句하니 一句가 辨一勝
能이라 一은 心淨爲性일새 故能翻不信濁이요 二는 信理普敬일새

故翻憍慢이요 三은 十藏之內에 信卽是藏이며 七聖財中에 信爲第
一이요 四는 信手受取奉行이요 五는 信財如夢일새 故無所悋이요
六은 智論云호대 佛法大海에 信爲能入이요 七은 增福智因이요
八은 到二嚴果요 九十은 五根五力에 各在初故요 十一은 信本無
惑하야사 方斷惑根이요 十二는 若向餘德인댄 不名淨信이요 十三
은 信境本空일새 故無所著이요 十四는 正信之人은 不生八難이요
十五는 非不正信이요 十六은 正信解脫이요 十七은 成不壞本이요
十八은 爲菩提根이요 十九는 增佛勝智요 二十은 究竟見佛이니
謂信自己心하면 自佛出現하고 信外諸佛하면 諸佛現前일새 故下
經云호대 一切諸佛이 從信心起라하니라

다음에 믿음은 때도 혼탁함도 없다고 한 아래는 따로 나타낸 것이다.
그 가운데 스무 구절이 있나니,
한 구절마다 하나의 수승한 능력을 분별한 것이다.[220]
첫 번째 구절은 마음이 청정한 것으로 자성을 삼기에 그런 까닭으로
능히 불신不信의 혼탁함을 번복하는 것이요
두 번째 구절은 진리를 널리 공경함을 믿기에 그런 까닭으로 교만을
번복하는 것이요
세 번째 구절은 십장十藏[221] 안에 믿음이 곧 제일장第一藏이며, 칠성재

---

[220] 이십구二十句에 일구一句가 변일승능辨一勝能이라고 한 것은 한 게송(一頌)이
　　　사구四句니까 지금(今) 다섯 게송(五頌)에 이십구二十句이니, 일구一句가 일승
　　　능一勝能을 분별한 것이 되는 것이다.
[221] 십장十藏은 신信, 계戒, 참慚, 괴愧, 문聞, 시施, 혜慧, 염念, 지持, 변辯이니

七聖財222 가운데 믿음이 제일재第一財가 되는 것이요

네 번째 구절은 손으로 받아 취하여 받들어 행함을 믿는 것이요

다섯 번째 구절은 재물이 꿈과 같음을 믿기에 그런 까닭으로 아끼는
바가 없는 것이요

여섯 번째 구절은 『지도론』에 말하기를 불법의 큰 바다에 믿음이
능입能入이 된다 한 것이요

일곱 번째 구절은 복덕과 지혜의 원인을 증장하는 것이요

여덟 번째 구절은 두 가지 장엄223의 과보에 이르는 것이요

아홉 번째 구절과 열 번째 구절은 오근224과 오력225에 각각 믿음이
처음에 있는 까닭이요

열한 번째 구절은 본래 번뇌가 없는 줄 믿어야 바야흐로 번뇌의
뿌리를 끊는 것이요

열두 번째 구절은 만약 나머지 공덕226에 향해 가면 청정한 믿음이라
이름할 수 없는 것이요

열세 번째 구절은 경계가 본래 공한 줄 믿기에 그런 까닭으로 집착하
는 바가 없는 것이요

열네 번째 구절은 바로 믿는 사람은 팔난八難이 생기지 않는 것이요

십무진장품에 있다.

222 칠성재七聖財는 신신, 계戒, 참慚, 괴愧, 문聞, 사捨, 혜慧이다.

223 원문에 이엄二嚴은 복福, 혜慧 이엄二嚴이니 곧 여래지如來地를 말한다.

224 오근五根은 신근信根, 진근進根, 염근念根, 정근定根, 혜근慧根이니 오근五根의
根은 오력五力의 力 이전에 얻는 것이다.

225 오력五力은 신력信力, 진력進力, 염력念力, 정력定力, 혜력慧力이다.

226 원문에 여덕餘德은 불공덕佛功德 밖에 여타餘他의 공덕功德이다.

열다섯 번째 구절은[227] 바르지 않는 것은 믿지 않는 것이요

열여섯 번째 구절은 바로 해탈을 믿는 것이요

열일곱 번째 구절은 파괴되지 않는 근본을 이루는 것이요

열여덟 번째 구절은 보리의 근본이 되는 것이요

열아홉 번째 구절은 부처님의 수승한 지혜를 증장하는 것이요

스무 번째 구절은[228] 구경에 부처님을 보는 것이니,

말하자면 자기의 마음을 믿으면 자기의 부처님이 출현하고, 밖의 모든 부처님을 믿으면 모든 부처님이 앞에 나타나기에 그런 까닭으로 아래 경에 말하기를 일체 모든 부처님이 신심으로 좇아 생기한다 하였다.

---

227 열다섯 번째 구절은 믿음은 능히 수많은 마군의 길을 뛰어나게 한다는 것이다. 따라서 바르지 않는 사도, 마군의 길은 믿지 않는다는 것이다.

228 스무 번째 구절이라고 한 것은 한 게송이 네 구절이니까 다섯 게송에 스무 구절이 있게 되는 것이니, 소문 초두에 말한 것처럼 한 구절마다 하나의 수승한 공능을 분별한 것이다.

經

是故依行說次第인댄 信樂最勝甚難得이니
譬如一切世間中에   而有隨意妙寶珠이니다

이런 까닭으로 행을 의지하여 차례를 말한다면
믿음의 즐거움이 가장 수승하여 매우 얻기 어렵나니
비유하자면 일체 세간 가운데
뜻을 따르는 묘한 보배 구슬이 있는 것과 같습니다.

疏

三에 是故下에 一偈는 總結勝能이니 前法後喩라 信樂者는 信三
寶性已하고 於方便諸度에 求欲修行인댄 信樂二字가 是菩薩正
意니 由此二故로 於諸行에 有能故로 名最勝이요 非佛不信일새
故云難得이라하니라 喩如意珠는 略有五義하니 一은 勝義니 法寶
中王故요 二는 希義니 非佛輪王이면 餘無有故요 三은 淨義니 能淸
不信濁故요 四는 貴義니 出位行寶等이 不可盡故요 五는 蘊義니
蘊衆德物하야 無障礙故라

세 번째 이런 까닭이라고 한 아래에 한 게송은 수승한 능력을 한꺼번
에 맺는 것이니,
앞에는 법이고 뒤에는 비유이다.
믿음의 즐거움[229]이라고 한 것은 삼보의 자성을 믿어 마치고 방편인

모든 바라밀에 수행하고자 함을 구한다면 신·락이라는 두 글자가
이 보살의 정의正意[230]이니,
이 두 글자를 인유한 까닭으로 모든 바라밀행에 능력이 있기에[231]
그런 까닭으로 가장 수승하다 이름한 것이요
부처님이 아니면 믿지 않기에[232] 그런 까닭으로 얻기 어렵다 하였다.

여의주[233]에 비유한 것은 간략하게 다섯 가지 뜻이 있나니
첫 번째는 수승한 뜻이니 법보 가운데 왕인 까닭이요
두 번째는 희유한 뜻이니 부처님과 전륜성왕이 아니면 나머지는
없는 까닭이요
세 번째는 청정한 뜻이니 능히 불신의 혼탁함을 청정케 하는 까닭
이요

---

229 믿음의 즐거움이란, 제이구第二句이다.
230 보살의 정의正意라고 한 것은 신·락이 이 보살이 발심하는 정의임을 말한
것이다. 소본에는 보살을 보리라 하였으나 아닐까 염려한다. 역시『잡화
기』의 말이다.
231 원문에 제행諸行이라고 한 사이에 소본에는 묘妙 자가 있고, 유능有能이라고
한 사이에도 소본에는 대공大功이라는 글자가 있다. 역시『잡화기』의 말이다.
232 원문에 비불불신非佛不信이라고 한 것은 오직 부처님만 믿고 나머지 일체一切
는 믿지 않는다는 것이니, 지금에는 반대로 나타낸 것이다. 그러나『잡화
기』는 지금 비록 신위信位의 범부가 능히 믿는다는 것은 곧 가히 부처님을
이름하는 것이니 믿음은 과보의 바다를 갖추는 까닭이며, 믿음은 반드시
부처님을 짓는 까닭이라 하였다.
233 여의주란, 제사구第四句이다.

네 번째는 존귀한 뜻이니 뛰어난 지위[234]와 가지고 노는 보배[235] 등이 가히 끝이 없는 까닭이요

다섯 번째는 쌓는 뜻이니 수많은 덕물德物을 쌓아 걸림이 없는 까닭이다.

鈔

喩如意珠等者는 取與信相應義耳라 若準寶性論인댄 寶有六義하니 頌云眞實(一)世希有와(二) 明淨(三) 及勢力으로(四) 能莊嚴世間하며(五) 最上不變等이라하니(六) 今此勝義는 攝眞實最上二義하고 餘四則同하니 四卽勢力이요 五卽莊嚴이며 或無莊嚴일새 加此蘊義니라 然疏五義는 皆言含法喩니 思之可知니라

여의주에 비유한 것이라고 한 등은 믿음으로 더불어 상응하는[236] 뜻을 취한 것이다.

만약 『보성론』을 기준한다면 보배에 여섯 가지 뜻이 있나니, 게송에 말하기를

진실함과(一) 세간에 희유함과(二)

밝고 청정함과(三) 그리고 세력으로(四)

---

234 원문에 출위出位란, 높은 지위이다.

235 소본엔 행보行寶 사이에 중衆 자가 있다.

236 원문에 여신상응與信相應이라고 한 것은 여의주의 다섯 가지 뜻이 믿음으로 더불어 상응하나니, 믿음에도 다섯 가지 뜻이 있는 까닭이다.

능히 세간을 장엄하며(五)

최상으로 변하지 않는 등이다(六) 하였으니,

지금 여기에 수승한 뜻이라고 한 것은 진실함과 최상의 두 가지

뜻을 섭수하였고 나머지 네 가지 뜻은 곧 같나니

네 번째 존귀한 뜻이라고 한 것은 곧 세력이요,

다섯 번째 쌓는 뜻이라고 한 것은 곧 장엄이며,

혹 장엄이 없기에[237] 이 쌓는 뜻을 더한 것이라고도 한다.

그러나 소문에 다섯 가지 뜻은 다 말이 법과 비유를 포함하였으니

생각하면 가히 알 수가 있을 것이다.

---

237 혹 장엄이 없다고 한 것은 위에는 곧 장엄 즉시 쌓는 뜻이고 지금에는
 곧 장엄이 없는 까닭으로 이 쌓는 뜻을 더한 것이니 곧 장엄이 쌓는 것으로
 더불어 다른 것이다.

經

若常信奉於諸佛인댄 則能持戒修學處요
若常持戒修學處인댄 則能具足諸功德이리다

戒能開發菩提本이요 學是勤修功德地니
於戒及學常順行인댄 一切如來所稱美리다

若常信奉於諸佛인댄 則能興集大供養이요
若能興集大供養인댄 彼人信佛不思議리다

만약 항상 모든 부처님을 믿고 받든다면
곧 능히 계를 가져 닦아 배울 곳이요
만약 항상 계를 가져 닦아 배울 곳이라면
곧 능히 모든 공덕을 구족할 것입니다.

계는 능히 보리를 개발하는 근본이요
배움(學)은 부지런히 공덕을 닦는 땅이니
계와 그리고 배움에 항상 수순하여 수행한다면
일체 여래가 아름답다 칭찬할 바입니다.

만약 항상 모든 부처님을 믿고 받든다면
곧 능히 큰 공양을 일으켜 모을 것이요
만약 능히 큰 공양을 일으켜 모은다면

저 사람은 부처님의 불가사의함을 믿을 것입니다.

疏

第三에 若常信奉下에 五十頌半은 廣明信中에 所具行位라 然有
二意하니 一은 行布요 二는 圓融이니 古約圓融일새 故名信中所具
라하니라 於中三이니 初는 明所具行이요 次는 辨所具位요 三은
結歎功德이라 今初에 八頌半을 分二리니 先五頌은 明信三寶로
以成諸行이요 後三頌半은 明信展轉으로 以成諸行이라 前中에 初
三頌은 信佛成行이니 初二句는 標章이니 持戒는 惡止也요 修學處
는 善行也라 瑜伽云호대 旣發心已에 應於七處修學일새 故名學處
니 謂一은 自利處요 二는 利他處요 三은 眞實義處요 四는 威力處요
五는 成熟有情處요 六은 成熟自佛法處요 七은 無上正等菩提處
라하니라 次一偈半은 雙顯二德이니 若不持戒인댄 尙不能得疥癩
野干之身거든 況於菩提리요 戒止妄非일새 則性淨菩提가 開發이
요 因果功德이 皆依學處而生일새 故云地也라하니라

제 세 번째 만약 항상 모든 부처님을 믿고 받든다고 한 아래에
오십 게송 반은 믿는 가운데 구족한 바 행과 지위를 폭넓게 밝힌
것이다.
그러나 두 가지 뜻이 있나니
첫 번째는 행포요,
두 번째는 원융이니[238]

고덕이 원융을 잡았기에 그런 까닭으로 이름을 믿는 가운데 구족한 바다 하였다.

그 가운데 세 가지가 있나니

처음에는 구족한 바 행을 밝힌 것이요

다음에는 구족한 바 지위를 분별한 것이요

세 번째는 공덕을 맺어 찬탄한 것이다.

지금은 처음으로 여덟 게송 반을 두 가지로 나누리니

먼저 다섯 게송은 삼보를 믿음으로써 모든 행을 이룸을 밝힌 것이요

뒤에 세 게송 반은 믿음이 전전함으로써 모든 행을 이룸을 밝힌 것이다.

앞의 가운데 처음에 세 게송은 부처님을 믿어 행을 이루는 것이니,

처음에 두 구절은 문장을 표한 것이니 계를 가진다고 한 것은 악을 그치는 것이요

닦아 배우는 곳이라고 한 것은 선을 행하는 것이다.

『유가론』에 말하기를 이미 발심한 이후에 응당 일곱 곳에서 닦아 배웠기에 그런 까닭으로 이름을 배우는 곳이라 하나니

말하자면 첫 번째는 자리의 처소요,

두 번째는 이타의 처소요,

세 번째는 진실한 뜻의 처소요,

---

238 첫 번째 행포라고 한 것은 작은 것으로 좇아 큰 것에 이르는 까닭이고, 두 번째 원융이라고 한 것은 하나가 일체를 갖추는 까닭이다. 역시 『잡화기』의 말이다.

네 번째는 위력의 처소요,

다섯 번째는 유정을 성숙케 하는 처소요,

여섯 번째는 자기의 불법을 성숙케 하는 처소요,

일곱 번째는 무상정등보리의 처소다 하였다.

다음에 한 게송 반은 두 가지 공덕[239]을 함께 나타낸 것이니

만약 계를 가지지 않는다면[240] 오히려 능히 옴[241]이나 학질[242]에 걸린 여우의 몸도 얻기 어렵거든 하물며 보리겠는가.

계로써 허망한 그름을 그치기에 곧 성정보리性淨菩提[243]가 개발되는 것이요,

인과의 공덕이 다 배우는 곳을 의지하여 생기하기에 그런 까닭으로 말하기를 공덕의 땅이다 하였다.

鈔

尙不得疥癩野干等者는 卽薩遮尼揵子經第四이라

---

239 두 가지 공덕이라고 한 것은 곧 지계와 수학의 두 가지 공덕이다.

240 만약 계를 가지지 않는다면이라고 한 등은 만약 계를 가지되 그러나 그 바른 뜻을 얻지 못하는 사람은 옴이나 학질에 걸린 여우가 되는 까닭이어니와, 다만 그 바른 뜻을 얻지 못하였을지언정 이 계를 가지지 아니한 것은 아닌 까닭이다. 역시 『잡화기』의 말이다.

241 疥는 '옴, 학질 개' 자이다.

242 癩는 '문둥병 라' 자이다.

243 성정보리性淨菩提라고 한 것은 성정열반性淨涅槃과 성정해탈性淨解脫로 비견하여 볼 것이니 삼열반三涅槃의 하나(一)이고 성정해탈性淨解脫은 이종해탈二種解脫의 하나(一)이다.

오히려 능히 옴이나 학질에 걸린 여우의 몸도 얻기 어렵다고 한
등은 곧 『살차니건자경』 제사권에서 말한 것이다.

疏

後一偈는 別明成供養行이니 謂財法供養일새 故云大也라하니라

뒤에 한 게송은 공양행을 이룸을 따로 밝힌 것이니,
말하자면 재물과 진리로 공양하기에 그런 까닭으로 큰 공양이다
하였다.

經

若常信奉於尊法인댄 則聞佛法無厭足이요
若聞佛法無厭足인댄 彼人信法不思議리이다

만약 항상 존귀한 법을 믿고 받든다면
곧 불법을 듣되 싫어하거나 만족함이 없을 것이요
만약 불법을 듣되 싫어하거나 만족함이 없다면
저 사람은 법이 불가사의함을 믿을 것입니다.

疏

次一은 信法이라

다음에 한 게송은 법을 믿는 것이다.

經

若常信奉淸淨僧인댄 則得信心不退轉이요
若得信心不退轉인댄 彼人信力無能動이리다

만약 항상 청정한 스님을 믿고 받든다면
곧 믿는 마음이 물러나지 아니함을 얻을 것이요
만약 믿는 마음이 물러나지 아니함을 얻는다면
저 사람은 믿는 힘이 능히 움직이지 않을 것입니다.

疏

後一偈는 信僧이니 文並可知라

뒤에 한 게송은 스님을 믿는 것이니
문장은 아울러 가히 알 수가 있을 것이다.

經

若得信力無能動인댄 則得諸根淨明利요
若得諸根淨明利인댄 則能遠離惡知識이리다

若能遠離惡知識인댄 則得親近善知識이요
若得親近善知識인댄 則能修習廣大善이리다

若能修習廣大善인댄 彼人成就大因力이요
若人成就大因力인댄 則得殊勝決定解리다

若得殊勝決定解인댄 則爲諸佛所護念이리다

만약 믿는 힘이 능히 움직이지 아니함을 얻는다면
곧 육근이 맑고 밝고 이로움을 얻을 것이요
만약 육근이 맑고 밝고 이로움을 얻는다면
곧 능히 악지식惡知識을 멀리 떠날 것입니다.

만약 능히 악지식을 멀리 떠난다면
곧 선지식을 친근함을 얻을 것이요
만약 선지식을 친근함을 얻는다면
곧 능히 광대한 선법을 닦아 익힐 것입니다.

만약 능히 광대한 선법을 닦아 익힌다면

저 사람은 광대한 원인의 힘을 성취할 것이요
만약 저 사람이 광대한 원인의 힘을 성취한다면
곧[244] 수승하고 결정된 지해를 얻을 것입니다.

만약 수승하고 결정된 지해를 얻는다면
곧 모든 부처님의 호념하는 바가 될 것입니다.

疏

二에 有三頌半은 成展轉行이니 展轉依前하야 功歸於信이라

두 번째 세 게송 반이 있는 것은 전전한 행을 성립한 것이니,
전전히 앞을 의지하여 공덕을 믿음에 귀결한 것이다.

---

244 즉능則能이라 한 능能 자는 득得 자의 잘못이다.

經

若爲諸佛所護念인댄 則能發起菩提心이요
若能發起菩提心인댄 則能勤修佛功德이리다

若能勤修佛功德인댄 則得生在如來家요
若得生在如來家인댄 則善修行巧方便이리다

若善修行巧方便인댄 則得信樂心淸淨이요
若得信樂心淸淨인댄 則得增上最勝心이리다

만약 모든 부처님의 호념하는 바가 된다면
곧 능히 보리심을 일으킬 것이요
만약 능히 보리심을 일으킴을 얻는다면
곧 능히 부처님의 공덕을 부지런히 수행할 것입니다.

만약 능히 부처님의 공덕을 부지런히 수행한다면
곧 여래의 집에 태어나 있음을 얻을 것이요
만약 여래의 집에 태어나 있음을 얻는다면
곧 선교방편을 잘 수행할 것입니다.

만약 선교방편을 잘 수행한다면
곧 믿고 즐거워하는 마음이 청정함을 얻을 것이요
만약 믿고 즐거워하는 마음이 청정함을 얻는다면

곧 증상增上하는 가장 수승한 마음을 얻을 것입니다.

疏

二에 若爲諸佛下에 三十九頌은 明所具諸位니 於中에 成後四位
를 卽爲四段하리라 初三頌은 明十住位니 有六句라 初句는 發心住
요 次句는 治地修行二住요 次句는 生貴住요 次句는 方便具足住
요 次句는 正心住요 後句에 增上은 是不退住요 最勝心은 是後三
住니 準下釋之리라

두 번째 만약 모든 부처님의 호념하는 바가 된다면이라고 한 아래에
서른아홉 게송은 구족한 바 모든 지위를 밝힌 것이니,
그 가운데 뒤에 사위四位를 성립한 것을 사단四段으로 하겠다.
처음에 세 게송은 십주위를 밝힌 것이니,
여섯 구절[245]이 있다.
처음 구절은 발심주요
다음 구절은 치지주와 수행주의 두 주(二住)요
다음 구절은 생기주요
다음 구절은 방편구족주요
다음 구절은 정심주요
뒤에 구절에 증상增上이라고 한 것은 불퇴주요

---

245 여섯 구절이라고 한 것은 세 게송에 여섯 구절이니, 한 게송에 두 구절로
 나누어 여섯 구절이 되는 것이다. 즉 반 게송씩 나누어 말한 것이다.

가장 수승한 마음이라고 한 것은 뒤에 삼주三住이니

아래 문장을 기준하여 해석할 것이다.[246]

初三頌은 明十住下는 明諸位니 皆含義理는 竝如本品하니라 後句增
上等者는 由前正心에 但聞讚毁하고 不動거니와 今聞有無利害更深
하고 而心不退일새 故爲增上이니 餘當下文尋之니라 然皆隱位名하
고 存其中行호대 或合或開하며 或略或廣하야 不全次第者는 意明圓
融信門이 卽頓具故니라 亦猶離世間品에 六位頓成이 爲二千行하야
位位頓修故니 若一向次第인댄 但得行布의 一分義耳리라

처음에 세 게송은 십주위를 밝힌 것이라고 한 아래는 모든 지위를
밝힌 것이니,

다 의리를 포함한 것은 모두 본품本品[247]과 같다.

뒤에 구절에 증상이라고 한 등은 앞의 정심주를 인유함에[248] 다만
찬탄하고 훼손하는 것만을 듣고 동요하지 아니하였거니와, 지금에
는 이익과 손해가 있기도 없기도[249] 한 것은[250] 다시 깊다고 함을

---

246 원문에 준하석지準下釋之라고 한 것은 마땅히 아래 삼주三住에서 심찰(尋察,
　　찾아 살핌)할 것이다.

247 본품本品은 십주품十住品이다.

248 원문에 유由는 국어사전에 무엇무엇"에서"라고 해석하였다.

249 원문에 금문유무今聞有無 운운은 此上에 정심주正心住는 불법상佛法上에
　　혹은 찬탄하고 혹은 훼손함이 있는 까닭으로 곧 참기가 쉽거니와, 지금에

듣고도 마음이 물러나지 않기에 그런 까닭으로 증상增上[251]이 되는 것이니,

나머지[252]는 마땅히 아래 문장에서 찾아볼 것이다.

그러나 다 지위의 이름을 숨기고[253] 그 가운데 행만을 두되 혹은 합하기도 하고 혹은 열기도 하며, 혹은 생략하기도 하고 혹은 넓히기도 하여[254] 차례가 온전히 같지 않는 것은[255] 뜻이 원융의 신문信門이

불퇴주不退住는 불법佛法이 있기도 없기도 함을 들은 까닭으로 손해가 다시 깊다면 참기가 매우 어렵지만 물러나지 않는 까닭으로 앞의 정심주正心住보다 수승한 것이다. 따라서 이익과 손해에 손해로써 주인을 삼는 것이다. 無有는 有無라 해야 옳다.

250 다만 찬탄하고 훼손하는 것만 듣고 동요하지 않았다고 한 것은 삼보를 찬탄하고 훼손함을 듣고 그 마음이 동요하지 않았다는 것을 말하는 것이요, 지금에는 이익과 손해가 있기도 없기도 한 것이라고 한 등은 삼보가 있기도 하고 없기도 하다고 함을 들음에 그 마음이 물러나지 아니함을 말한 것이다. 앞에서는 다만 삼보를 훼손하고 찬탄하였을 뿐이고, 지금에는 삼보가 있기도 없기도 하다고 말한 까닭으로 이익과 손해가 깊다고 말한 것이니, 성자권成字卷 하권 17장과 그리고 22장을 볼 것이다. 이상은 다 『잡화기』의 말이다.

251 증상增上은 앞의 정심주正心住보다 증상增上이라는 것이다.

252 나머지란, 십행十行, 십향十向, 십지十地이다.

253 원문에 개은위명皆隱位名 운운은 아래 영인본 화엄 5책, p.281, 4행을 참고할 것이다.

254 혹 합하기도 열기도, 생략하기도 넓히기도 한다고 한 것은 만약 오직 한 지위에만 나아간다면 저 십주 가운데 발심주와 생귀주 등은 다 여는 것이고, 치지주와 수행주 등은 다 합하는 것이고, 증상하는 가장 수승한 마음이라고 한 등은 생략한 것이고, 나머지는 다 넓힌 것이다. 만약 사위四位에 모두 배대한다면 십행과 십회향은 합하는 것이고, 십지는 여는 것이고, 십주는

곧 한꺼번에 갖춘 것을 밝힌 까닭이다.

또 이세간품에 육위六位를 한꺼번에 성취한 것이 이천 가지 행이
되어 지위 지위마다 한꺼번에 수행한 것과 같은 까닭이니

만약 한결같이 차례만 논한다면 다만 행포行布의 일분의 뜻만 얻을
뿐이다.

열고 합함에 통하는 것이고, 앞에 삼위三位는 생략한 것이고, 십지는 넓힌
것이다. 역시 『잡화기』의 말이다.

255 차례가 온전히 같지 않다고 한 것은 곧 합한 것이 이것이다. 만약 차례를
짓는다면 저 십주 가운데 치지주와 수행주가 반드시 치지주가 먼저이고
수행주가 뒤이거늘, 지금에 합하여 밝힌 즉 이것은 차례가 온전히 같지
않는 것이다. 역시 『잡화기』의 말이다.

經

若得增上最勝心인댄 則常修習波羅蜜이리다

若常修習波羅蜜인댄 則能具足摩訶衍이요
若能具足摩訶衍인댄 則能如法供養佛이리다

若能如法供養佛인댄 則能念佛心不動이요
若能念佛心不動인댄 則常覩見無量佛이리다

만약 증상하는 가장 수승한 마음을 얻는다면
곧 항상 바라밀을 닦아 익힐 것입니다.

만약 항상 바라밀을 닦아 익힌다면
곧 능히 마하연을 구족할 것이요
만약 능히 마하연을 구족한다면
곧 능히 여법하게 부처님께 공양할 것입니다.

만약 능히 여법하게 부처님께 공양한다면
곧 능히 부처님을 생각하여 마음이 움직이지 않을 것이요
만약 능히 부처님을 생각하여 마음이 움직이지 않는다면
곧 항상 한량없는 부처님을 볼 것입니다.

疏

二에 若得增上下에 二頌半은 明十行位니 波羅蜜은 是十行總名
이요 摩訶衍은 是異二乘行이니 初二行收요 如法供養은 是順理行
이니 次二行攝이요 念佛心不動과 及常見佛은 並是定慧行이니 故
屬後六行이라 釋相可知라

두 번째 만약 증상하는 가장 수승한 마음을 얻는다면이라고 한
아래에 두 게송 반은 십행위를 밝힌 것이니,
바라밀이라고 한 것은 이것은 십행의 총명總名이요
마하연이라고 한 것은 이것은 이승의 행과 다른 것이니
처음에 두 가지 행[256]을 거두는 것이요
여법하게 공양한다고 한 것은 이것은 진리를 따르는 행이니
다음에 두 가지 행을 거두는 것이요
부처님을 생각하여 마음이 움직이지 않는 것과 그리고 항상 한량없
는 부처님을 본다고 한 것은 아울러 이것은 선정과 지혜[257]의 행이니,
그런 까닭으로 뒤에 여섯 가지 행에 배속한 것이다.
모습을 해석한 것은 가히 알 수가 있을 것이다.

---

256 원문에 초이행初二行이란, 십주十住 가운데 초이행初二行이다.
257 마음이 움직이지 않는 것(心不動)은 선정禪定이고, 부처님을 본다고 한 것(見
佛)은 지혜智慧이다.

經

若常覲見無量佛인댄 則見如來體常住요
若見如來體常住인댄 則能知法永不滅이리다

若能知法永不滅인댄 則得辯才無障礙요
若能辯才無障礙인댄 則能開演無邊法이리다

若能開演無邊法인댄 則能慈愍度衆生이요
若能慈愍度衆生인댄 則得堅固大悲心이리다

만약 항상 한량없는 부처님을 본다면
곧 여래의 자체가 상주함을 볼 것이요
만약 여래의 자체가 상주함을 본다면
곧 능히 법이 영원히 사라지지 아니함을 알 것입니다.

만약 능히 법이 영원히 사라지지 아니함을 안다면
곧 변재가 걸림이 없음을 얻을 것이요
만약 능히 변재가 걸림이 없다면
곧 능히 끝없는 법을 열어 연설할 것입니다.

만약 능히 끝없는 법을 열어 연설한다면
곧 능히 자민한 마음으로 중생을 제도할 것이요
만약 능히 자민한 마음으로 중생을 제도한다면

곧 견고한 대비심을 얻을 것입니다.

疏

三에 若常觀見下에 三頌은 明十迴向位니 通顯三種迴向이라 佛體常住는 是向菩提요 法永不滅은 是向實際요 餘向衆生이라

세 번째 만약 항상 한량없는 부처님을 본다면이라고 한 아래에
세 게송은 십회향위를 밝힌 것이니
세 가지 회향을 한꺼번에 나타낸 것이다.
부처님의 자체가 상주常住한다고 한 것은 이것은 보리에 회향하는 것이요
법이 영원히 사라지지 않는다고 한 것은 이것은 실제에 회향하는 것이요
나머지는 중생에 회향하는 것이다.

經

若得堅固大悲心인댄 則能愛樂甚深法이리다

만약 견고한 대비심을 얻는다면
곧 능히 깊고도 깊은 법을 사랑하고 좋아할 것입니다.

疏

四에 若得堅固下에 三十頌半은 明十地位라 初半頌은 是初地니
謂深法은 是所證眞如요 愛樂은 是極喜異名이라

네 번째 만약 능히 견고한 대비심을 얻는다면이라고 한 아래에
서른 게송 반은 십지위를 밝힌 것이다.
처음에 반 게송은 이것은 초지이니,
말하자면 깊고도 깊은 법이라고 한 것은 이것은 증득할 바 진여요
사랑하고 좋아한다고 한 것은 이것은 지극히 기뻐한다는 다른 이름
이다.

經

若能愛樂甚深法인댄 則能捨離有爲過리다

만약 능히 깊고도 깊은 법을 사랑하고 좋아한다면
곧 능히 유위의 허물을 버리고 떠날 것입니다.

疏

二에 半頌은 是離垢地니 以離犯戒의 有爲過故니라

두 번째 반 게송은 이것은 이구지이니,
계를 범한 유위의 허물을 떠난 까닭이다.

經

若能捨離有爲過인댄 則離憍慢及放逸이요
若離憍慢及放逸인댄 則能兼利一切衆이리다

만약 능히 유위의 허물을 버리고 떠난다면
곧 교만과 그리고 방일을 떠날 것이요
만약 교만과 그리고 방일을 떠난다면
곧 능히 일체중생도 겸하여 이익케[258] 할 것입니다.

疏

三에 一頌에 離慢等은 是三四二地니 以三地는 於禪不著일새 故
無慢이며 又以求法不懈일새 亦名離慢이요 第四地는 得出世間道
品일새 故云無放逸이라하니라 然不捨攝生일새 故云兼利라하니라

세 번째 한 게송에 교만과 그리고 방일을 떠난다고 한 등은 이것은
제삼지三地와 제사지四地의 이지二地이니,
제삼지는 선정에 집착하지 않기에[259] 그런 까닭으로 교만이 없다
한 것이며,

---

258 원문에 겸리兼利는 교만, 방일을 떠날 뿐만 아니라 겸하여 중생도 제도한다는
것이다.
259 선정에 집착하지 않는다고 한 것은 제삼지에 이미 염혜焰慧를 닦은 까닭이다.
역시 『잡화기』의 말이다.

또 법을 구함에 게으르지 않기에 또한 교만을 떠났다 이름하는
것이요

제사지는 출세간의 도품道品을 얻었기에 그런 까닭으로 말하기를
방일이 없다[260] 한 것이다.

그러나 중생을 섭수함을 버리지 않았기에 그런 까닭으로 말하기를
겸하여 이익케 한다 한 것이다.

---

260 방일이 없다고 한 것은 여기 경문에서는 방일을 떠났다 하였다.

經

若能兼利一切衆인댄 則處生死無疲厭이요
若處生死無疲厭인댄 則能勇健無能勝이리다

만약 능히 일체중생도 겸하여 이익케 한다면
곧 생사에 거처하지만 피곤하거나 싫어함이 없을 것이요
만약 생사에 거처하지만 피곤하거나 싫어함이 없다면
곧 능히 용맹하고 강건함을 능히 이길 자가 없을 것입니다.

疏

四에 有一頌은 明五地니 謂雖得出世나 而還處生死일새 故無厭이
요 眞俗互違하야 難合能合을 餘地不過일새 故云勇健無能勝이라
하니 此是難勝之名也니라

네 번째 한 게송이 있는 것은 제오지를 밝힌 것이니,
말하자면 비록 세간에서 벗어남을 얻었지만 도리어 생사에 거처하기
에 그런 까닭으로 싫어함이 없다 한 것이요
진제와 속제가 서로 어겨 부합하기 어렵지만 능히 부합하는 것을
여지餘地의 보살이 초과하지 못하기에[261] 그런 까닭으로 말하기를

---

261 여지餘地의 보살이 초과하지 못한다고 한 것(餘地不過)은 다른 나머지 지위의
보살菩薩이 제오지第五地의 보살菩薩을 지나지 못한다는 것이다. 나머지
지위의 보살은 곧 사지四地 이하를 가리킨다.

용맹하고 강건함을 능히 이길 자가 없다 한 것이니,

이것은 이 난승지難勝地를 이름한 것이다.

經

若能勇健無能勝인댄 則能發起大神通이요
若能發起大神通인댄 則知一切衆生行이리다

만약 능히 용맹하고 강건하여 능히 이길 자가 없다면
곧 능히 큰 신통을 일으킬 것이요
만약 능히 큰 신통을 일으킨다면
곧 일체중생의 행을 알 것입니다.

疏

五에 有一頌은 明第六地에 悲智不住하고 般若現前이니 謂神通攝
物은 是大悲行이요 知衆生行이 是十二緣生은 是大智行이라

다섯 번째 한 게송이 있는 것은 제육지에 대비와 대지가 머물지
않고 반야가 앞에 나타남을 밝힌 것이니,
말하자면 신통으로 중생을 섭수하는 것은 이것은 대비의 행이요
중생의 행이 십이인연으로 생기하는 줄 아는 것은 이것은 대지의
행이다.

經

若知一切衆生行인댄 則能成就諸群生이요
若能成就諸群生인댄 則得善攝衆生智리이다

若得善攝衆生智인댄 則能成就四攝法이요
若能成就四攝法인댄 則與衆生無限利리이다

若與衆生無限利인댄 則具最勝智方便이리다

만약 일체중생의 행을 안다면
곧 능히 모든 중생을 성취할 것이요
만약 능히 모든 중생을 성취한다면
곧 중생을 잘 섭수하는 지혜를 얻을 것입니다.

만약 중생을 잘 섭수하는 지혜를 얻는다면
곧 능히 사섭법을 성취할 것이요
만약 능히 사섭법을 성취한다면
곧 중생에게 한없는 이익을 줄 것입니다.

만약 중생에게 한없는 이익을 준다면
곧 가장 수승한 지혜와 방편을 구족할 것입니다.

疏

六에 二頌半은 明七地니 謂初一은 明有中殊勝行이요 後一頌半은
明空中方便智니 準釋可知라

여섯 번째 두 게송 반은 제칠지를 밝힌 것이니[262]
말하자면 처음에 한 게송은 있는 가운데 수승한 행을 밝힌 것이요
뒤에 한 게송 반은 공한 가운데 방편과[263] 지혜를 밝힌 것이니
기준하여 해석한 것은[264] 가히 알 수가 있을 것이다.

---

262 제칠지를 밝힌 것(明七地)이라고 한 것은 칠지七地까지는 유공용지有功用智이
  고, 팔지八地부터는 무공용지無功用智이다.

263 있는 가운데 수승한 행과 공한 가운데 방편이라고 한 것은 제칠지 가운데
  이 행과 지혜가 있는 까닭이니, 반드시 지금 경에 공과 유를 나누어 잡아
  이름할 것은 아니다. 주자권珠字卷 76장 이하를 볼 것이다. 역시 『잡화기』의
  말이다.

264 기준하여 해석한 것이란, 있는 것과 공한 것을 기준하여 행과 지혜를 해석한
  것이다.

經

若具最勝智方便인댄 則住勇猛無上道요
若住勇猛無上道인댄 則能摧殄諸魔力이리다

若能摧殄諸魔力인댄 則能超出四魔境이요
若能超出四魔境인댄 則得至於不退地리이다

若得至於不退地인댄 則得無生深法忍이요
若得無生深法忍인댄 則爲諸佛所授記리이다

만약 가장 수승한 지혜와 방편을 구족한다면
곧 용맹스레 더 이상 없는 도에 머물 것이요
만약 용맹스레 더 이상 없는 도에 머문다면
곧 능히 모든 마군의 힘을 꺾어 다할 것입니다.

만약 능히 모든 마군의 힘을 꺾어 다한다면[265]
곧 능히 사마四魔의 경계를 뛰어날 것이요
만약 사마의 경계를 뛰어난다면
곧 불퇴지에 이름을 얻을 것입니다.

만약 불퇴지에 이름을 얻는다면

---

265 殄은 '다할 진, 끊을 진' 자이다.

곧 무생無生의 깊은 법인을 얻을 것이요
만약 무생의 깊은 법인을 얻는다면
곧 모든 부처님의 수기하는 바가 될 것입니다.

疏

七에 若具最勝下에 三頌은 明第八地니 略辨六義리라 一은 道勝이
니 謂無功用道故로 云勇猛無上이요 二는 力勝이니 謂智力摧魔요
三은 用勝이니 謂超四魔境이니 捨分段故로 無蘊魔며 無捨命故로
無死魔며 惑不現行故로 超煩惱魔며 覺佛十力故로 超天魔요 四
는 位勝이니 不動地故로 云不退也요 五는 行勝이니 謂得無生忍이
요 六은 因勝이니 謂此位中이 當大授記位也니라

일곱 번째 만약 가장 수승한 지혜와 방편을 구족한다면이라고 한
아래에 세 게송은 제팔지를 밝힌 것이니,
간략하게 여섯 가지 뜻으로 분별하겠다.
첫 번째는 도가 수승한 것이니,
말하자면 무공용도인 까닭으로 말하기를 용맹스레 더 이상 없는
도라 한 것이요
두 번째는 힘이 수승한 것이니,
말하자면 지혜의 힘으로 마군의 힘을 꺾는 것이요
세 번째는 작용이 수승한 것이니,
말하자면 사마의 경계를 뛰어난 것이니 분단신分段을[266] 버린 까닭으

로 오온마(蘊魔)가 없으며,

버릴 목숨이 없는 까닭으로 사마死魔가 없으며,

번뇌가 현재에 행하여지지 않는 까닭으로 번뇌마煩惱魔를 뛰어났으며,

부처님의 십력을 깨달은 까닭으로 천마天魔를 뛰어난 것이요

네 번째는 지위가 수승한 것이니,

부동지인 까닭으로 말하기를 불퇴지라 한 것이요

다섯 번째는 행이 수승한 것이니,

말하자면 무생의 깊은 법인을 얻는다 한 것이요

여섯 번째는 원인이 수승한 것이니,

말하자면 이 부동지 가운데가 마땅히 크게 수기하는 지위인 것이다.

---

266 분단신이라고 한 등은 초지 견도위에서 곧 분단신을 버리는 것이지만, 그러나 지금에는 제팔지에서 바야흐로 버린다고 한 것은 유식의 가르침 가운데 유혹留惑의 뜻을 잡은 까닭이다. 역시 『잡화기』의 말이다.

經

若得諸佛所授記인댄 則一切佛現其前이요
若一切佛現其前인댄 則了神通深密用이리다

若了神通深密用인댄 則爲諸佛所憶念이요
若爲諸佛所憶念인댄 則以佛德自莊嚴이리다

만약 모든 부처님이 수기하는 바를 얻는다면
곧 일체 부처님이 그 앞에 나타날 것이요
만약 일체 부처님이 그 앞에 나타난다면
곧 신통의 깊고도 비밀한 작용을 알 것입니다.

만약 신통의 깊고도 비밀한 작용을 안다면
곧 모든 부처님이 기억하여 생각하는 바가 될 것이요
만약 모든 부처님이 기억하여 생각하는 바가 된다면
곧 부처님의 공덕으로써 스스로 장엄할 것입니다.

疏

八에 二頌은 明第九地에 作大法師니 略辨四義리라 一은 諸佛加
持를 名佛現前이요 二는 解了諸佛의 深密之法이요 三은 諸佛憶念
으로 增其慧力이요 四는 佛德自嚴하야 爲衆說法이라

여덟 번째 두 게송은 제구지에 대법사 짓는 것을 밝힌 것이니, 간략하게 네 가지 뜻으로 분별하겠다.

첫 번째는 모든 부처님의 가피지력을 부처님이 앞에 나타난다 이름한 것이요

두 번째는 모든 부처님의 깊고도 비밀한 법을 아는 것이요

세 번째는 모든[267] 부처님이 기억하여 생각함으로 그 지혜의 힘을 증장하는 것이요

네 번째는 부처님의 공덕으로 스스로 장엄하여 중생을 위하여 법을 설하는 것이다.

---

267 三 자 아래에 諸 자가 있는 것이 좋다.

經

若以佛德自莊嚴인댄 則獲妙福端嚴身이요
若獲妙福端嚴身인댄 則身晃耀如金山이리다

若得晃耀如金山인댄 則相莊嚴三十二이요
若相莊嚴三十二인댄 則具隨好爲嚴飾이리다

若具隨好爲嚴飾인댄 則身光明無限量이요
若身光明無限量인댄 則不思議光莊嚴이리다

만약 부처님의 공덕으로써 스스로 장엄한다면
곧 신묘한 복덕으로 단정하게 장엄한 몸을 얻을 것이요
만약 신묘한 복덕으로 단정하게 장엄한 몸을 얻는다면
곧 몸에 밝은[268] 빛이 금산金山과 같을 것입니다.

만약 밝은 빛이 금산과 같음을 얻는다면
곧 모습으로 장엄한 것이 서른두 가지일 것이요
만약 모습으로 장엄한 것이 서른두 가지라면
곧 팔십수형호隨形好를 갖추어[269] 장엄하고 꾸밀 것입니다.

---

268 晃은 '밝을 황, 빛날 황' 자이다.
269 其 자는 具 자의 잘못이다.

만약 팔십수형호를 갖추어 장엄하고 꾸민다면
곧 몸에 광명이 한량이 없을 것이요
만약 몸에 광명이 한량이 없다면
곧 불가사의한 광명으로 장엄할 것입니다.

疏

九에 若以佛德下에 十九頌은 明第十地位니 分五하리라 初八頌은
三業殊勝德이니 初五頌은 身業이라 於中에 前三頌은 明身體德殊
勝이라

아홉 번째 만약 부처님의 공덕으로써 스스로 장엄한다면이라고
한 아래에 열아홉 게송은 제십지위를 밝힌 것이니,
다섯 가지로 나누겠다.
처음에 여덟 게송은 삼업의 수승한 공덕이니
처음에 다섯 게송은 신업이다.
그 가운데 앞에 세 게송은 몸의 자체 공덕이 수승함을 밝힌 것이다.

若不思議光莊嚴인댄 其光則出諸蓮華요
其光若出諸蓮華인댄 則無量佛坐華上하사

示現十方靡不遍하야 悉能調伏諸衆生하리니
若能如是調衆生인댄 則現無量神通力하리다

만약 불가사의한 광명으로 장엄한다면
그 광명이 곧 모든 연꽃을 출생할 것이요
그 광명이 만약 모든 연꽃을 출생한다면
곧 한량없는 부처님이 그 연꽃 위에 앉으사

시방에 시현하여 두루하지 아니함이 없어서
다 능히 모든 중생을 조복할 것이니
만약 능히 이와 같이 중생을 조복한다면
곧 한량없는 신통의 힘을 나타낼 것입니다.

後二頌은 明身業大用이라

뒤에 두 게송은 신업의 큰 작용을 밝힌 것이다.

經

若現無量神通力인댄 則住不可思議土하야
演說不可思議法하야 令不思議衆歡喜케하리다

만약 한량없는 신통의 힘을 나타낸다면
곧 불가사의한 국토에 머물러
불가사의한 법을 연설하여
불가사의한 대중으로 하여금 환희케 할 것입니다.

疏

次演說一頌은 語業勝이니 說法益生이라

다음에 연설한다고 한 한 게송은 어업이 수승한 것이니
법을 설하여 중생을 이익케 하는 것이다.

經

若說不可思議法하야 令不思議衆歡喜인댄
則以智慧辯才力으로 隨衆生心而化誘리이다

若以智慧辯才力으로 隨衆生心而化誘인댄
則以智慧爲先導하야 身語意業恒無失이리다

만약 불가사의한 법을 연설하여
불가사의한 대중으로 하여금 환희케 한다면
곧 지혜와 변재의 힘으로써
중생의 마음을 따라 교화하여 달랠 것입니다.

만약 지혜와 변재의 힘으로써
중생의 마음을 따라 교화하여 달랜다면
곧 지혜로써 선도하여
신·어·의 업에 항상 잃음이 없을 것입니다.

疏

後二頌은 意業勝이니 智先導故라

뒤에 두 게송은 의업이 수승한 것이니
지혜로 선도하는 까닭이다.

경(經)

若以智慧爲先導하야 身語意業恒無失인댄
則其願力得自在하야 普隨諸趣而現身이리다

若其願力得自在하야 普隨諸趣而現身인댄
則能爲衆說法時에 音聲隨類難思議리이다

若能爲衆說法時에 音聲隨類難思議인댄
則於一切衆生心을 一念悉知無有餘리이다

若於一切衆生心을 一念悉知無有餘인댄
則知煩惱無所起하야 永不沒溺於生死리이다

만약 지혜로써 선도하여
신·어·의 업에 항상 잃음이 없다면
곧 그 원력이 자재함을 얻어
널리 육취를 따라 몸을 나타낼 것입니다.

만약 그 원력이 자재함을 얻어
널리 육취를 따라 몸을 나타낸다면
곧 능히 중생을 위하여 법을 설할 때에
음성이 유형을 따라 사의하기 어려울 것입니다.

만약 능히 중생을 위하여 법을 설할 때에
음성이 유형을 따라 사의하기 어렵다면
곧 일체중생의 마음을
한 생각에 다 알아 남김없이 할 것입니다.

만약 일체중생의 마음을
한 생각에 다 알아 남김없이 한다면
곧 번뇌가 일어나는 바가 없는 줄 알아
영원히 생사에 빠지지 않을 것입니다.

疏

二에 若以智慧爲先下에 四頌은 明三業廣大功과 三輪攝生德이
니 初一頌은 身業이요 次一은 語業이요 後二는 意業이라

두 번째 만약 지혜로써 선도하여라고 한 아래에 네 게송은 삼업의
광대한 공덕과 삼륜三輪[270]으로 중생을 섭수하는 공덕을 밝힌 것이니
처음에 한 게송은 신업이요
다음에 한 게송은 어업이요
뒤에 두 게송은 의업이다.

---

270 삼륜三輪은 신통神通, 기심記心, 교계敎誡이다.

經

若知煩惱無所起하야 永不沒溺於生死인댄
則獲功德法性身하야 以法威力現世間이리다

若獲功德法性身하야 以法威力現世間인댄
則獲十地十自在하야 修行諸度勝解脫이리다

만약 번뇌가 일어나는 바가 없는 줄 알아
영원히 생사에 빠지지 않는다면
곧 공덕의 법성신을 얻어
법신의 위신력으로 세간에 나타날 것입니다.

만약 공덕의 법성신을 얻어
법신의 위신력으로 세간에 나타난다면
곧 십지의 십자재를 얻어
모든 바라밀의 수승한 해탈을 수행할 것입니다.

疏

三에 若知煩惱下에 二頌은 辨得法結位라

세 번째 만약 번뇌가 일어나는 바가 없는 줄 안다고 한 아래에
두 게송은 법성신을 얻고 지위를 맺는 것[271]을 분별한 것이다.

---

271 법성신을 얻는 것(得法)은 初偈이고, 지위를 맺는 것(結位)은 後偈이다.

經

若獲十地十自在하야 修行諸度勝解脫인댄
則獲灌頂大神通하야 住於最勝諸三昧리이다

若獲灌頂大神通하야 住於最勝諸三昧인댄
則於十方諸佛所에　 應受灌頂而昇位리이다

若於十方諸佛所에　 應受灌頂而昇位인댄
則蒙十方一切佛이　 手以甘露灌其頂이리다

만약 십지의 십자재를 얻어
모든 바라밀의 수승한 해탈을 수행한다면
곧 관정위의 대신통을 얻어
가장 수승한 모든 삼매에 머물 것입니다.

만약 관정위의 대신통을 얻어
가장 수승한 모든 삼매에 머문다면
곧 시방의 모든 부처님의 처소에서
응당 관정함을 받아[272] 부처님의 지위에 오를 것입니다.

---

272 관정함을 받는다고 한 등은 다만 행이 만족함을 잡은 까닭으로 소문에
대진분大盡分이라고 이름하였으니, 대진이라고 한 것은 앞을 바라봄에 모든
지위의 행이 이미 다한 것이요, 지금에는 다시 그 지위가 만족하기에 다하고
다한다는 것이니 광자권光字卷 초 8장을 볼 것이다. 소본에는 또한 三分으로

만약 시방의 모든 부처님의 처소에서
응당 관정함을 받아 부처님의 지위에 오른다면
곧 시방의 일체 부처님이
손으로 감로수를 그 보살의 정수리에 부어줌을 입을 것입니다.

疏

四에 若得十地下에 三頌은 明三昧分과 大盡分과 受位分이니 並
顯可知라

네 번째 만약 십지의 십자재를 얻는다고 한 아래에 세 게송은 삼매분
과 대진분大盡分과 수위분受位分[273]을 밝힌 것이니,
아울러 나타난 것은 가히 알 수가 있을 것이다.

써 세 게송에 나누어 배대하였다. 이상은 『잡화기』의 말이다. 三分으로
세 게송에 배대한 것은 바로 아래 소문에서 주석하겠다.

[273] 삼매三昧는 제일게第一偈이고, 대진大盡은 제이게第二偈이고, 수위受位는 제
삼게第三偈이다.

經

若蒙十方一切佛이　手以甘露灌其頂인댄
則身充遍如虛空하야　安住不動滿十方이리다

若身充遍如虛空하야　安住不動滿十方인댄
則彼所行無與等하야　諸天世人莫能知리이다

만약 시방의 일체 부처님이
손으로 감로수를 그 보살의 정수리에 부어줌을 입는다면
곧 몸이 충만하여 두루한 것이 마치 허공과 같아서
편안히 머물러 움직이지 않고 시방에 충만할 것입니다.

만약 몸이 충만하여 두루한 것이 마치 허공과 같아서
편안히 머물러 움직이지 않고 시방에 충만하다면
곧 저 보살이 행한 바가 더불어 같을 사람이 없어서
모든 하늘과 세간 사람이 능히 알 수가 없을 것입니다.

疏

五에 若蒙下에 二頌은 明大用難測이며 亦是釋名分事也니 謂以
法智雲으로 含衆德水하야 能蔽如空麁重故니라 又若蒙下에 二頌
은 亦是進入佛地니라

다섯 번째 만약 시방의 일체 부처님이 손으로 감로수를 그 보살의 정수리에 부어줌을 입는다면이라고 한 아래에 두 게송은 큰 작용을 측량하기 어려운 것을 밝힌 것이며 또한 석명분釋名分[274]의 사실을 밝힌 것이니,

말하자면 법지法智의 구름으로써 수많은 공덕의 물을 머금어 능히 허공과 같은 추중麁重의 번뇌[275]를 은폐하는 까닭이다.

또 만약 시방의 일체 부처님이 손으로 감로수를 그 보살의 정수리에 부어줌을 입는다면이라고 한 아래에 두 게송은 또한 부처님의 지위에 진입한 것이다.

---

274 석명분은 또한 여덟 가지 이름 가운데 하나이다.

275 허공과 같은 추중의 번뇌라고 한 것은 곧 광대하고 충만하여 두루한 혹지惑·智의 이장二障이니, 폐蔽라고 한 것은 오히려 격隔 자와 단斷 자의 뜻이다. 광자권光字卷 초 3장을 볼 것이다. 만약 이 해석을 의지한다면 법신은 능히 두루하는 것이고, 허공과 같다고 한 것은 두루하는 바이니 곧 이장二障의 혹惑을 가리키는 까닭이다. 역시 『잡화기』의 말이다.

經

菩薩勤修大悲行하야 願度一切無不果일새

見聞聽受若供養인댄 靡不皆令獲安樂케하리다

彼諸大士威神力으로 法眼常全無缺減하야

十善妙行等諸道의　無上勝寶皆令現케하리다

보살이 대비행을[276] 부지런히 닦아

일체중생을 제도하되 과단果斷치 아니함이 없기를 서원하기에

보고 듣고 듣고 받아 가지거나[277] 혹 공양한다면

다 하여금 안락을 얻게 하지 아니함이 없을 것입니다.

저 모든 대사의 위신력으로

법안이 항상 온전하여 이지러지거나 모자람이 없어서

십선의 묘한 행 등 모든 도의

더 이상 없는 수승한 보배를 다 하여금 나타나게 할 것입니다.

---

276 보살이 대비행 운운은 이 게송은 능구能具의 믿음을 맺는 것이니 신행信行이
　　비록 많지만 대비와 서원으로써 으뜸을 삼는 까닭이다. 역시 『잡화기』의
　　말이다.

277 원문에 청수聽受는 듣고 받아 가지는 것을 말한다.

疏

第三에 菩薩勤修下에 三頌은 結歎其德이니 初二法說이요 後一喩
況이라 前中賢首云호대 初二句는 悲願內滿이니 謂菩薩勤修等者
는 結前若字下義요 無不果者는 結前則字下義니 以若有彼인댄
則有此언정 非是前後가 鉤鎖相因이니 唯是本位信中에 有此則
有彼하야 同時具有나 而說有前後니라 是故信門에 具足一切行
位之相이라 然行雖無量이나 皆以悲願爲首일새 故就此結之니라
次二句는 明此悲願으로 益物不空이라 次一頌은 結前所具行位니
初句는 擧人標法이니 威神卽信이니 爲能具之由요 次句는 結能證
智眼이니 證如如永常故요 次二句는 結所證道니 十善은 擧二地
行하야 等取餘地와 及餘位餘道니 謂敎證等의 勝實皆現이라

제 세 번째 보살이 대비행을 부지런히 닦는다고 한 아래에 세 게송은
그 공덕을 맺어 찬탄한 것이니
처음에 두 게송은 법으로 설한 것이요
뒤에 한 게송은 비유로 설한 것이다.
앞의 법으로 설한 가운데 현수법사가 말하기를[278] 처음에 두 구절은
대비와 서원[279]이 안으로 원만한 것이니,
말하자면 보살이 대비행을 부지런히 닦는다고 한 등은 앞에[280] 만약

---

278 원문에 현수운賢首云이라고 한 것은 『탐현기探玄記』의 말이다.
279 처음 구절(初句)은 대비大悲이고, 제이구第二句는 서원(願)이다.
280 원문 결전結前이라는 말 아래에 소본엔 제문諸門이라는 두 글자가 있다.

(苦)이라는 글자 아래의 뜻을 맺는 것이요

과단치 아니함이 없다고 한 것은 앞에[281] 곧(則)이라는 글자 아래의 뜻을 맺는 것이다 하였으니,

만약 저것이 있으면 곧 이것이 있다는 것일지언정 앞뒤가 구쇄鉤鎖하여 서로 원인한다는 것은 아니니,

오직 본위本位의 신문信門 가운데 이것이 있으면 곧 저것이 있어서 동시에 갖추고 있지만 말로만 앞뒤가 있다고 하였을 뿐이다.

이런 까닭으로 신문信門에 일체 행과 지위의 모습을 구족하고 있다는 것이다.

그러나 행이 비록 한량이 없지만 다 대비와 서원으로써 으뜸을 삼기에 그런 까닭으로 여기[282]에 나아가 맺는 것이다.

다음에 두 구절은 이 대비와 서원으로 중생을 이익케 하는 것이 헛되지 아니함을 밝힌 것이다.

다음에 한 게송은 앞에 구족한 바 행과 지위를 맺는 것이니,

처음 구절은 사람을 들어 법을 표한 것이니,

위신력이라고 한 것은 곧 믿음이니 능히 구족할 원인이 되는 것이요

다음 구절은 능히 증득할 지혜의 눈[283]을 맺는 것이니,

---

281 원문 결전結前이라는 말 아래 소본엔 역시 제문諸門이라는 두 글자가 있다. 다 『잡화기』의 말이다.

282 여기란, 곧 근수대비勸修大悲 운운이다.

283 능히 증득할 지혜의 눈이라고 한 것은 곧 지상地上을 잡은 것이니, 이것도 또한 믿음의 소구所具가 되는 것이다. 역시 『잡화기』의 말이다.

여여하여 영원히 항상함을 증득하는 까닭이요

다음에 두 구절은 증득할 바 도를 맺는 것이니,

십선이라고 한 것은 이지二地의 행을 들어 나머지 지地와 그리고
나머지 위位와 나머지 도道를 등취한 것[284]이니,

말하자면 교敎·증證 등[285]의 수승한 보배를 다 나타낸 것이다.

鈔

以若有彼等者는 揀濫하야 明此是圓融義니 纔得一位하면 卽得一切
位가 如十味香을 纔燒一丸호대 如小芥子라도 十氣齊發하니라 若有
聞香이면 十味齊得호대 若得沈氣時에 則得檀氣하고 若得酥合에 則
得龍腦等이니 十味丸藥을 服者齊得도 亦準此知니라 非如鉤鎖가 由
得於前하야 方能得後하며 非如涉路에 若行一里하면 卽得二里하고
若行二里하면 則進三里일새 故此位中에 不在位名하고 或開或合이
正在於此니 思之思之라

만약 저것이 있으면이라고 한 등은 혼람混濫한[286] 것을 가려 이것이

---

284 나머지 도를 등취한다고 한 것은, 경문 가운데 모든 도道 자는 모두 행위行位를
    지목한 것이고 교증敎證을 지목한 것이 아닌 까닭이다. 역시 『잡화기』의
    말이다.

285 교敎·증證 등이라고 한 것은 교리행과敎理行果, 신해행증信解行證을 말함이다.

286 혼람混濫 운운한 것은 소문에 만약 저것이 있으면이라고 한 이하는 혼람한
    것을 가린 것이고 오직 본위의 신문 가운데라고 한 아래는 원융의 뜻을
    가린 것이다.

원융의 뜻임을 밝힌 것이니,

겨우 한 지위를 얻으면 곧 모든 지위를 얻는 것이 마치 열 가지 맛의 향을 겨우 한 단(一丸)을 태우되 작은 개자씨 같이만 할지라도 열 가지 향기가 똑같이 나는 것과 같다.

만약 어떤 사람이 향기를 맡으면 열 가지 맛을 똑같이 얻되 만약 침향의 향기를 얻을 때에 곧 전단 향기를 얻고, 만약 소합蘇合[287]의 향기를 얻을 때에 곧 용뇌 향기를 얻는 등이니,

열 가지 맛의 단약을 복용하는 사람이 똑같이 얻는 것도 또한 이것을 기준하면 알 수가 있을 것이다.

마치 구쇄鉤鏁가 앞에 얻은 것을 인유하여 바야흐로 능히 뒤를 얻는 것과는 같지 아니하며,

길을 감에 만약 일리一里를 가면 곧 이리二里를 얻고, 만약 이리를 가면 곧 삼리三里를 가는 것과는 같지 않기에 그런 까닭으로 이십선위 가운데 지위의 이름을 두지 않고 혹 열기도 하며 혹 합하기도 한 것이 바로 여기에 있나니

생각하고 생각할 것이다.

---

287 소합蘇合이란, 여러 향초를 합하여 즙을 내어 끓인 향고香膏 즉 향 기름이다.

經

譬如大海金剛聚가   以彼威力生衆寶호대
無減無增亦無盡하야 菩薩功德聚亦然하니다

비유하자면 큰 바다에 금강의 뭉치가
저 믿음의 위신력으로써 수많은 보배를 생기하되
모자람도 없고 더함도 없고 또한 다함도 없는 것과 같아서
보살의 공덕 뭉치도 또한 그러합니다.

疏

後一頌은 喻況이니 唯喻後偈라 初句及威力은 喻前初句니 信體
堅固로 以喻金剛이 並居智海之內요 以信威力으로 能生所生衆
寶는 卽喻前第三句行位요 第三句는 喻前法眼常全이라

뒤에 한 게송은 비유로 설한 것이니
오직 뒤에 이 한 게송만 비유로 설한 것이다.
처음 구절과 그리고 두 번째 구절에 위신력이라고 한 것은 앞의
처음 구절[288]에 비유한 것이니,
믿음의 자체가[289] 견고한 것으로서 금강이 아울러 지혜의 바다 안에

---

288 앞의 처음 구절(前初句)이란, 영인본 화엄 5책, p.279, 6행의 처음 구절에
    피제대사위신력彼諸大士威神力이라 한 것이다.
289 믿음의 자체 운운은 지금의 제일구第一句이다.

있음[290]을 비유한 것이요

믿음의 위신력[291]으로써 능히 생기할 바 수많은 보배를 생기한다고
한 것은 곧 앞의 제 세 번째 구절에 행과 지위를 비유한 것이요
제 세 번째 구절은 앞의 제 두 번째 구절에 법안이 항상 온전하다고
한 것을 비유한 것이다.

---

290 아울러 지혜의 바다 안에 있다고 한 것은 법과 비유를 합하여 말한 까닭으로
　　아울러 있다(並居) 말한 것이니, 믿음의 자체는 지혜 안에 있고 칠금산은
　　바다 안에 있는 것이다. 『잡화기』는 그 뜻에 말하기를 능구能具의 믿음
　　자체와 소구所具의 행위行位가 지혜 안에 아울러 있으나 그러나 믿음은
　　능생能生이 되고 행行 등은 소생所生이 되는 것이니, 비유 가운데 능생과
　　소생도 또한 아울러 바다 안에 있는 까닭이다. 혹은 말하기를 법과 비유를
　　함께 거론한 까닭으로 아울러 있다 말한 것이니, 말하자면 믿음은 지혜
　　안에 있고 금金은 바다 안에 있는 까닭이다 한다 하였다.
291 믿음의 위신력 운운은 지금의 제이구第二句이다.

經

或有刹土無有佛인댄 於彼示現成正覺하며
或有國土不知法인댄 於彼爲說妙法藏하니다

無有分別無功用이나 於一念頃遍十方이
如月光影靡不周하야 無量方便化群生하니다

於彼十方世界中에   念念示現成佛道하야
轉正法輪入寂滅하며 乃至舍利廣分布하니다

혹 어떤 국토에 부처님이 없으면
저 국토에 정각 이룸을 나타내어 보이며
혹 어떤 국토에 법을 알지 못하면
저 국토에 묘한 법장을 연설합니다.

분별도 없고 공용도 없지만
한 생각에 시방에 두루하는 것이
마치 달빛 그림자가 두루하지 아니함이 없는 것과 같아서
한량없는 방편으로 중생을 교화합니다.

저 시방의 세계 가운데
생각 생각에 불도를 성취하여
정법의 바퀴를 전하고 적멸에 들어가며

내지 사리를 널리 분포함을 나타내어 보입니다.

疏

第四에 或有刹土下에 二百三頌은 明無方大用分이니 彼能無邊
大用者는 由普賢德이 遍一切時處하야 法界無限故라 略辨十門
으로 三昧業用하리니 一은 圓明海印三昧門이요 二는 華嚴妙行三
昧門이요 三은 因陀羅網三昧門이요 四는 手出廣供三昧門이요 五
는 現諸法門三昧門이요 六은 四攝攝生三昧門이요 七은 俯同世間
三昧門이요 八은 毛光照益三昧門이요 九는 主伴嚴麗三昧門이요
十은 寂用無涯三昧門이니 以無不定心일새 故皆云三昧라하고 作
用不同일새 略辨十種이라하니라 又初門은 依體起用이요 末後는
明用不異體요 中間은 並顯妙用自在라 又十三昧에 皆具此三이라

제 네 번째 혹 어떤 국토라고 한 아래에 이백 세 게송은 방소 없는
큰 작용을 밝힌 분分이니,
저의 공능이 끝없는 큰 작용이라고 한 것은 보현의 공덕이 일체
시처에 두루하여 법계가 한이 없음을 인유한 까닭이다.
간략하게 열 가지 문門으로 삼매의 업용을 분별하리니
첫 번째는 원만하게 밝은 해인의 삼매문이요
두 번째는 화엄의 묘한 행의 삼매문이요
세 번째는 인다라 그물의 삼매문이요
네 번째는 한 손으로 공양구를 내어 널리 부처님께 공양하는 삼매문

이요

다섯 번째는 모든 법문을 나타내는 삼매문이요

여섯 번째는 사섭법으로 중생을 섭수하는 삼매문이요

일곱 번째는 슥이어 세간과 같게 하는 삼매문이요

여덟 번째는 털구멍의 광명으로 비추어 이익케 하는 삼매문[292]이요

아홉 번째는 주·반이 장엄하여 빛나게 하는 삼매문이요

열 번째는 적체寂體와 작용이 끝이 없는 삼매문이니

삼매 아닌 마음이 없기에 그런 까닭으로 다 말하기를 삼매라 하고,

작용이 같지 않기에 간략하게 열 가지[293] 문으로 분별한다 하였다.

또 처음에 문門은 자체를 의지하여 작용을 일으킨 것이요

말후에 문은 작용이 자체와 다르지 아니함을 밝힌 것이요

중간에 문은 묘용이 자재함을 함께 나타낸 것이다.

또 열 가지 삼매에 다 이 세 가지를 갖추었다.

鈔

略辨十門三昧業用等者는 然還源觀에 立一體二用과 三遍四德과

---

292 원문에 팔모광조익삼매문八毛光照益三昧門은 윤자권閏字卷 初頭에 있다. 영인
   본은 화엄 5책, p.331, 7행에 있다. 모광조毛光照의 뜻은 영인본 화엄 5책,
   p.354, 4행의 유현類顯과 결용結用 부분 게송偈頌에 여일모공소방광如一毛孔
   所放光, 무량무수여항사無量無數如恒沙 운운이라 하여 모광조毛光照를 잘 나
   타내고 있다 하겠다.
293 원문에 십종十種은 다섯 줄 앞에서는 십문十門이라 하였다.

五止六觀이나 亦不出此하니라 言一體者는 卽自性淸淨圓明體니 卽通爲十定之體라 言二用者는 一은 海印森羅常住用이니 卽此第一三昧요 二는 法界圓明自在用이니 卽華嚴三昧라 言三遍者는 一은 一塵普周法界遍이요 二는 一塵出生無盡遍이요 三은 一塵含容空有遍이니 此三은 並是因陀羅網三昧門이라 言四德者는 一은 隨緣妙用無方德이요 二는 威儀住持有則德이요 三은 柔和質直攝生德이요 四는 普代衆生受苦德이니 卽次下第六三昧門이라 言五止者는 一은 照法淸虛離緣止요 二는 觀人寂怕絶欲止요 三은 性起繁興法爾止요 四는 定光顯現無念止요 五는 事理玄通非相止라 言六觀者는 一은 攝境歸心眞空觀이요 二는 從心現境妙有觀이요 三은 心境祕密圓融觀이요 四는 智身影現衆緣觀이요 五는 多身入一鏡像觀이요 六은 主伴互現帝網觀이라 上之止觀은 並是寂用無涯三昧門이니 故此十門에 無不收矣니라 廣釋一體六觀等은 具如還源觀辨하니라

간략하게 열 가지 문으로 삼매의 업용을 분별한다고 한 등은 그러나 『망진환원관妄盡還源觀』[294]에 한 가지 자체와 두 가지 작용과 세 가지 두루함과 네 가지 공덕과 다섯 가지 지止와 여섯 가지 관觀을 세웠지만 또한 이 열 가지 삼매를 벗어나지 아니하였다.
한 가지 자체라고 말한 것은 곧 자성이 청정하여 원만하게 밝은 자체이니 곧 모두 열 가지 삼매의 자체가 되는 것이다.

---

294 원문에 환원관還源觀은 『망진환원관妄盡還源觀』으로 1권이며 현수賢首스님이 지었다.

두 가지 작용이라고 말한 것은 첫 번째는 해인삼매에 삼라만상이 항상 머무는 작용이니 곧 여기에 제일 첫 번째 삼매요

두 번째는 법계가 원만하게 밝아 자재한 작용이니 곧 여기에 화엄삼매이다

세 가지 두루하다고 말한 것은 첫 번째는 한 티끌이 법계에 널리 두루하는 두루함이요

두 번째는 한 티끌이 끝이 없음을 출생하는 두루함이요

세 번째는 한 티끌이 공과 유를 포함하여 용납하는 두루함이니 이 세 가지는 모두 인다라 그물의 삼매문이다.

네 가지 공덕이라고 말한 것은 첫 번째는 인연을 따르는 묘한 작용이 방소가 없는 공덕이요

두 번째는 위의를 머물러 가져 법칙이 있는 공덕이요

세 번째는 유화하고 성질이 곧음으로 중생을 섭수하는 공덕이요

네 번째는 널리 중생을 대신하여 고통을 받는 공덕이니

곧 이 다음 아래에 제 여섯 번째 삼매문[295]이다.

다섯 가지 지止라고 말한 것은 첫 번째는 법이 맑고 빈 것을 비추어 인연을 떠나는 지止요

두 번째는 사람이 적멸을 두려워하는 것을[296] 관찰하여 욕망을 끊게

---

[295] 제 여섯 번째 삼매문(第六三昧門)은 사섭섭생삼매문四攝攝生三昧門이다.

[296] 두 번째는 사람이 운운한 것은 사람은 인집人執이다. 적멸을 두려워한다고 한 등은 저『망진환원관』초 7장 이하를 봄에 오온이 때가 없는 것을 욕망을 끊은 것이라 말한다 하였으니, 대개 오온이 이 고통이기에 가히 두려워하는 까닭으로 물리치는 것을 파㫄라 이름하는 것이다. 이상은 다『잡화기』의

하는 지요

세 번째는 성기性起²⁹⁷가 번다하게 일어나는 것이 법여시 그러한 지요

네 번째는 삼매의 광명이 나타나 생각이 없는 지요

다섯 번째는 사·리에 현묘하게 통달하여 모습을 아니라고 물리치는²⁹⁸ 지止이다.

여섯 가지 관觀이라고 말한 것은 첫 번째는 경계를 거두어 마음에 돌아가는 진공관이요

두 번째는 마음을 좇아 경계를 나타내는 묘유관이요

세 번째는 마음과 경계가 비밀한 원융관이요

네 번째는 지혜의 몸이 그림자를 나타내는 중연관衆緣觀이요

다섯 번째는 수많은 몸이 하나에 들어가는 경상관鏡像觀이요

여섯 번째는 주·반이 서로 나타나는 제망관帝網觀이다.

이상에 다섯 가지 지止와 여섯 가지 관觀은 모두 적체와 작용이 끝없는 삼매문이니,

그런 까닭으로 이 열 가지 문에 거두지 아니함이 없는 것이다.

한 가지 자체와 여섯 가지 관觀 등을 폭넓게 해석한 것은 다 『망진환원관』에 분별한 것과 같다.

말이다.

297 성기性起는 연기緣起의 상대이다.

298 원문에 비상非相이라 한 비非 자는 비각非却의 뜻이다.

疏

今初六頌은 明海印三昧라 文分爲二리니 前五는 別明業用周遍
이요 後一은 總結大用所依라 前中三이니 初三은 佛事요 次一은
三乘이요 後一은 類餘니 總顯十法界之化也라 前中初一은 總明
現佛說法이요 次一은 體用自在니 初句는 揀非二義니 一은 念無
分別이요 二는 動無功用이라 下三句는 顯正二義니 謂無念之念은
一念에 遍於十方이요 無功之功은 多門으로 攝於群品이라 月喩四
義니 準法可知라

지금은 처음으로 여섯 게송은 해인의 삼매를 밝힌 것이다.
경문을 나누어 두 가지로 하리니
앞에 다섯 게송은 업의 작용이 두루함을 따로 밝힌 것이요
뒤에 한 게송은 큰 작용이 의지할 바를 한꺼번에 밝힌 것이다.
앞의 다섯 가지 게송 가운데 세 가지가 있나니
처음에 세 게송은 불사요
다음에 한 게송은 삼승이요
뒤에 한 게송은 여승餘乘에 비류한 것이니
십법계에 화현한 것을 한꺼번에 나타낸 것이다.

앞의 세 가지 게송 가운데 처음에 한 게송은 부처님이 나타나 설법함
을 한꺼번에 밝힌 것이요
다음에 한 게송은 자체와 작용이 자재함을 밝힌 것이니,

처음 구절은 아님을 가림에 두 가지 뜻이 있나니

첫 번째는 생각하지만 분별이 없는 것이요

두 번째는 움직이지만 공용이 없는 것이다.

아래에 세 구절은 정당함을 나타냄에 두 가지 뜻이 있나니,

말하자면 생각이 없는 생각은 한 생각에 시방에 두루하는 것이요

공용이 없는 공용은 수많은 방편문으로 중생을 섭수하는 것이다.

달이라고 한 것은 네 가지 뜻[299]을 비유한 것이니

법을 기준한다면 가히 알 수가 있을 것이다.[300]

---

299 네 가지 뜻(四義)이라고 한 것은 무분별無分別, 무공용無功用, 무념지념無念之
念, 무공지공無功之功이니 간비揀非의 두 가지 뜻(二義)과 현정顯正의 두 가지
뜻(二義)이다.

300 법을 기준한다면 가히 알 수가 있을 것(準法可知)이라고 한 것은 달빛이
두루하지 아니함이 없듯이 분별分別도 공용功用도 없지만 한 생각에 시방十方
에 두루한다는 것을 알 수 있다는 것이다. 『잡화기』에는 가지可知라는 말
아래에 소본엔 차일次一은 시현팔상示現八相이라는 말이 있다 하였다.

經

或現聲聞獨覺道하고 或現成佛普莊嚴하야
如是開闡三乘敎하야 廣度衆生無量劫하니다

혹은 성문과 독각의 도를 나타내고
혹은 부처를 이루어[301] 널리 장엄함을 나타내어
이와 같이 삼승의 가르침을 열어
널리 중생을 한량없는 세월(劫)토록 제도하십니다.

疏

二에 一頌은 辯三乘이라

두 번째 한 게송은 삼승을 분별한 것이다.

---

[301] 부처를 이룬다고 한 것은 『잡화기』에 보살의 지위가 다한 것이 이 부처인
까닭이다 하였다.

經

或現童男童女形과　天龍及以阿脩羅와
乃至摩睺羅伽等하야 隨其所樂悉令見케하니다

혹은 동남·동녀의 형상과
하늘과 용과 그리고 아수라와
내지 마후라가 등을 나타내어
그들이 좋아하는 바를 따라 다 하여금 보게[302] 하십니다.

疏

三에 有一頌은 類餘라

세 번째 한 게송이 있는 것은 여승에 비류한 것이다.

---

302 現은 교정본엔 見 자이다.

經

衆生形相各不同하고　行業音聲亦無量이나
如是一切皆能現하시니　海印三昧威神力이니다

중생의 형상이 각각 같지 않고
행업과 음성도 또한 한량이 없지만
이와 같은 일체를 다 나타내시니
해인삼매의 위신력입니다.

疏

後一은 結用所依라 海印之義는 昔雖略解나 未盡其源일새 今以
十義釋之하야 以表無盡之用하리라 下經云호대 如淨水中四兵像
이 乃至莫不皆於水中現이라하며 又云호대 海有希奇殊特法하니
能爲一切平等印하야 衆生寶物及川流를 普悉包容無所拒라하니
라 故로 大集十四云호대 如閻浮提一切衆生身과 及餘外色인 如
是等色이 海中皆有印像일새 以是故로 名大海爲印인달하야 菩薩
亦爾하야 得大海印三昧已에 能分別하야 見一切衆生心行하야 於
一切法門에 皆得慧明일새 是爲菩薩이 得海印三昧하야 見一切
衆生의 心行所趣라하니라 然此經文이 多同出現이나 但出現은 現
於四天下像하고 又約佛菩提어니와 大集은 唯閻浮요 約菩薩所得
하니라 然이나 皆見心所趣等은 了根器也요 此文에 所現形類는

應根器也니 二文互擧는 皆是所現이요 菩薩定心은 以爲能現이라

뒤에 한 게송은 큰 작용이 의지할 바를 맺는 것이다.
해인의 뜻은 옛날에 현수법사가 비록 간략하게 해석하였지만 그 근원을 다하지 못하였기에 지금에 열 가지 뜻으로써 해석하여 끝없는 작용을 표하겠다.
아래 경[303]에 말하기를 마치 청정한 물 가운데 네 병사[304]의 형상이 내지[305] 저 물 가운데 다 나타나지 아니함이 없는 것과 같다 하였으며

또 말하기를[306]
바다가 희기希奇하고 수특한 법이 있나니
능히 일체 평등인印이 되어
중생과 보물과 그리고 냇물을
널리 다 포용하여 거역하는 바가 없다 하였다.
그런 까닭으로 『대집경』 십사권에 말하기를 마치 염부제에 일체중생의 몸과 그리고 나머지 외색外色인 이와 같은 등의 색色이 바다 가운데 다 찍히는 형상이 있기에 이런 까닭으로 큰 바다가 도장(印)이 된다고 이름한 것과 같아서, 보살도 또한 그러하여 큰 해인삼매를

---

303 원문에 하경下經이란, 십오경十五經으로 게송이다.
304 원문에 사병四兵은 수經과 今疏文에는 검극병劍戟兵·호시병弧矢兵·개주병鎧冑兵·거여병車輿兵이라 하였고, 보통은 상병象兵·마병馬兵·거병車兵·보병步兵이라 한다(즉 『열반경』 28권에 나온다. 영인본 화엄 5책, p.396에도 나온다).
305 내지乃至 두 글자는 경문이 아니다.
306 또 말하기를이라고 한 것은 역시 십오경十五經으로 게송이다.

얻은 이후에는 능히 분별하여 일체중생의 심행을 보아 일체 법문에 다 지혜의 밝음을 얻기에 이런 까닭으로 보살이 해인삼매를 얻어 일체중생의 심행이 나아갈 바를 본다 하였다.

그러나 이『대집경』의 경문이 다분히 출현품出現品[307]과 같지만 다만 출현품은 사천하의 형상만을 나타내었고 또 불보리만 잡아 설하였거니와,『대집경』은 오직 염부제의 형상만을 나타내었고 보살의 얻을 바만 잡아서 설하였다.

그러나『대집경』에 다 일체중생의 심행이 나아갈 바를 본다고 한 등은 근기를 아는 것이요

이 출현품 경문에 나타낸 바 형상의 유형은 근기에 응한 것이니 두 경문에 서로 거론한 것은 다 소현所現이 되고, 보살의 삼매 마음은 능현能現이 되는 것이다.

鈔

下經云下는 第二에 總明이니 卽引當經과 及於他經하야 以示能現所現인 海印之相이라 言乃至莫不皆於水中現者는 其中間云호대 各各別異無交雜이니 劍戟弧矢類甚多하고 鎧冑車輿非一種이라 隨其所有相差別하야 莫不皆於水中現이나 而水本自無分別인달하야 菩薩三昧亦如是라하니 卽第十五經이라 又云海有希奇等者는 卽此卷中이니 下合云호대 無盡禪定解脫者가 爲平等印亦如是하야 福德智慧諸妙行의 一切普修無厭足이라하니라 大集十四云下는 疏文에 分二

니 先은 正引이요 後는 解釋이라 前中은 卽虛空藏菩薩品이니 頭有一
善男子言하니라 此中亦爾는 彼云亦復如是라하고 餘皆全同하니라
然此經文下는 解釋이니 此卽此上大集也라 出現四天下像等者는
文云호대 佛子야 譬如大海가 普能印現四天下中에 一切衆生의 色身
形像일새 是故로 共說以爲大海인달하야 諸佛菩提도 亦復如是하야
普現一切衆生의 心念根性欲樂호대 而無所現일새 是故로 說名諸佛
菩提라하며 下偈文云호대 如海印現衆生身일새 以此說名爲大海인
달하야 菩提普印諸心行일새 是故說名爲正覺이라하니라

아래 경에 말하였다고 한 아래는 제 두 번째 한꺼번에 밝힌 것이니,
곧 『화엄경』(當經)과 저 『대집경』(他經)을 인용하여 능현과 소현인
해인의 모습을 보인 것이다.

내지 저 물 가운데 다 나타나지 아니함이 없는 것과 같다고 말한
것은 그 중간에 말하기를 각각 별달리 서로 섞인 것이 없나니
검극병劍戟[308]兵과 호시병弧[309]矢兵의 유형이 매우 많고,
개주병鎧胄[310]兵과 거여병車輿兵도 하나가 아니다.

그 있는 바 모습이 차별함을 따라
다 저 물 가운데 나타나지 아니함이 없지만

---

308 戟은 '창 극' 자이다.
309 弧는 '활 호' 자이다.
310 鎧는 '갑옷 개' 자이고, 胄는 '투구 주' 자이다.

그러나 그 물은 본래 스스로 분별함이 없는 것과 같아서,
보살의 삼매도 또한 이와 같다 하였으니
곧 제십오경이다.
또 바다에 희기하고 수특한 법이 있다고 한 등은 곧 이 십오권
가운데 문장이니,
그 아래에 법합하여 말하기를
끝없는 선정해탈이
평등인平等印이 되는 것도 또한 이와 같아서
복덕과 지혜와 모든 묘행의
일체를 널리 닦되 싫어하거나 만족함이 없다 하였다.

『대집경』 십사권이라고 한 아래는 소문에 두 가지로 나누었으니
먼저는 바로 인용한 것이요
뒤에는 해석한 것이다.
앞의 가운데 인용하였다고 한 것은 곧 허공장보살품이니,
초두에 하나의 선남자라는 말이 있다.
이 소문 가운데 또한 그러하다[311]고 한 것은 저 『대집경』에는 또한
다시 이와 같다고 말하였고, 나머지는 다 온전히 같다.

그러나 이 『대집경』의 경문이라고 한 아래는 해석이니
이것은 곧 이 위에 『대집경』의 뜻이다.

---

311 원문에 역이亦爾라고 한 것은 소문疏文에 보살역이菩薩亦爾라 한 것이다.

출현품은 사천하의 형상을 나타내었다고 한 등은 출현품 경문에
말하기를 불자야, 비유하자면 큰 바다가 널리 능히 사천하 가운데
일체중생의 색신[312]의 형상을 찍어 나타내기에 이런 까닭으로 함께
말하기를 큰 바다가 된다고 한 것과 같아서, 모든 부처님의 보리도
또한 다시 이와 같아서 널리 일체중생의 마음에 생각과 근성과
욕락을 나타내지만 나타낸 바가 없기에 이런 까닭으로 말하기를
모든 부처님의 보리라 이름한다 하였으며
그 아래 게송의 문장에 말하기를
마치 바다가 중생의 몸[313]을 찍어 나타내기에
이것으로써 말하기를 큰 바다가 된다고 이름하는 것과 같아서,
보리도 널리 모든 심행을 찍어 나타내기에
이런 까닭으로 말하기를 정각이 된다고 이름한다 하였다.

疏

言十義者는 一은 無心能現義니 經云無有功用無分別故요 二는
現無所現義니 經云如光影故며 出現品云호대 普現一切眾生의
心念根性欲樂호대 而無所現故요 三은 能現與所現非一義요 四
非異義니 經云大海能現이라하니 能所異故非一이며 水外求像하
야도 不可得故로 非異니 顯此定心이 與所現法으로 卽性之相일새

312 색상色相의 相 자는 身 자의 잘못이다.
313 心 자는 경문經文엔 身이다. 『잡화기』에는 心은 身의 잘못이니, 해자권海字卷
　　37장을 보라 하였다.

能所宛然하고 卽相之性일새 物我無二라 五는 無去來義니 水不上
取하고 物不下就나 而能顯現인달하야 三昧之心亦爾하야 現萬法
於自心이나 彼亦不來며 羅身雲於法界나 未曾暫去니 上之五義
는 與鏡喩大同이라 六은 廣大義니 經云遍十方故며 普悉包容無
所拒故니 明三昧心이 同于法界일새 則衆生色心이 皆定心中物
이며 用周法界나 亦不離此心이라 七은 普現義니 經云一切皆能現
故며 出現云菩提普印諸心行故라 此與廣大異者는 此約所現이
니 不揀巨細요 彼約能現이니 其量普周며 又此約所現이니 無類不
現이요 彼約能現이니 無行不修라 八은 頓現義니 經云一念現故니
謂無前後하야 如印頓成이라 九는 常現義니 非如明鏡이 有現不現
時라 十은 非現現義니 非如明鏡이 對至方現이라 經云現於四天
下像故니 四兵羅空은 對而可現이거니와 四天之像은 不對而現일
새 故云非現現也요 以不待對일새 是故常現이라하니 該三際也라
具上十義일새 故稱海印이니 諸佛窮究요 菩薩相似라

열 가지 뜻[314]이라고 말한 것은 첫 번째는 무심으로 능히 나타내는
뜻이니,
경에 말하기를 공용도 없고 분별도 없다고 한 까닭이요
두 번째는 나타내지만 나타내는 바가 없는 뜻이니,
경에 말하기를[315] 달빛의 그림자와 같다고 한 까닭이며,

---

314 영인본 화엄 5책, p.286, 9행에 있다.
315 경에 운운은 영인본 화엄 5책, p.282, 4행이다.

출현품에 말하기를 널리 일체중생의 마음에 생각과 근성과 욕락을
나타내지만 나타내는 바가 없다고 한 까닭이요

세 번째는 능현과 소현이 하나가 아닌 뜻이요

네 번째는 다르지 아니한 뜻이니,

경에 말하기를 큰 바다가 능히 나타낸다 하였으니

능·소가 다른 까닭으로 하나가 아니며,[316]

물 밖에 형상을 구하여도 가히 얻을 수 없는 까닭으로 다르지 않나니
이 삼매의 마음이 나타낼 바 법으로 더불어 성性에 즉한 상相이기에
능·소가 완연하고, 상相에 즉한 성性이기에 물物·아我가 둘이 없음을
나타낸 것이다.

다섯 번째는 거래가 없는 뜻이니,

물이 위로 취하여 가지 않고 만물이 아래로 나아가지 않지만 그러나
능히 나타나는 것과 같아서 삼매의 마음도 또한 그러하여 만법을
자심에 나타내지만 저 만법이 또한 온 적이 없으며 몸의 구름을
법계에 나열하지만 일찍이 잠깐도 간 적이 없나니,

위에 다섯 가지 뜻은 거울의 비유로 더불어 크게는 같다.

여섯 번째는 광대한 뜻이니,

경에 말하기를[317] 시방에 두루한다 한 까닭이며 널리 다 포용하여[318]
거역하는 바가 없다 한 까닭이니,

삼매의 마음이 법계와 같기에 곧 중생의 색심이 다 삼매의 마음

---

316 非一이라고 한 아래에 소본엔 經云이라는 글자가 있다고 『잡화기』는 말한다.
317 경經에 운운은 영인본 화엄 5책, p.282, 4행에 일념경변시방一念頃遍十方이다.
318 널리 다 포용하여(普悉包容) 운운한 것은 제십오경第十五經이다.

가운데 만물이며, 작용이 법계에 두루하지만 이 마음을 떠나지
아니함을 밝힌 것이다.

일곱 번째는 널리 나타내는 뜻이니,

경에 말하기를[319] 일체를 다 능히 나타낸다 한 까닭이며,

출현품에 말하기를 보리도 널리 모든 심행을 찍어 나타낸다 한
까닭이다.

이것이 여섯 번째 광대의 뜻으로 더불어 다른 것은 이것은 소현을
잡은 것이니 크고 미세함을 가리지 아니한 것이요,

저것은 능현을 잡은 것이니 그 양이 널리 두루한 것이며

또 이것은[320] 소현을 잡은 것이니 유형마다 나타나지 아니함이 없는
것이요,

저것은 능현을 잡은 것이니 행마다 닦지 아니함이 없는 것이다.

여덟 번째는 문득 나타내는 뜻이니,

경에 말하기를[321] 한 생각에 나타낸다 한 까닭이니 말하자면 전후가
없어서 도장으로 문득 이루는 것과 같다.

아홉 번째는 항상 나타내는 뜻이니,

밝은 거울이 나타내고 나타내지 못할 때가 있는 것과는 같지 않다.

열 번째는 나타내지 않았지만 나타나는 뜻이니,

---

319 경에 운운은 영인본 화엄 5책, p.286, 6행이다.
320 또 이것은 운운한 것은 이 위에는 비유를 잡아 다름을 가리고, 여기는
   법을 잡아 다름을 가리는 것이다. 역시 『잡화기』의 말이다.
321 경에 운운은 영인본 화엄 5책, p.282, 4행에 일념경변一念頃遍이며, 같은
   책 p.282, 6행에 염념시현念念示現이다.

밝은 거울이 상대가 이르러야 바야흐로 나타내는 것과는 같지 않다.
경에 말하기를[322] 사천하의 형상을 나타내는 것이다 한 까닭이니
네 병사가[323] 허공에 나열한 것[324]은 상대하여 가히 나타낸 것이어니와
사천하의 형상은 상대하지 않고 나타낸 것이기에 그런 까닭으로
말하기를 나타내지 않았지만 나타난다 한 것이요,
상대를 기다리지 않기에 이런 까닭으로 항상 나타낸다[325] 하였으니
삼제를 갖춘 것이다.

위에 열 가지 뜻을 갖추었기에 그런 까닭으로 해인이라 이름하는
것이니
모든 부처님은 구경각(窮究)을[326] 얻은 것이요,

---

322 원문에 經云은 출현품出現品이다.

323 사병 운운은 회현에서 가려 말한 것이니, 곧 위의 한꺼번에 밝힌(영인본
화엄 5책, p.287, 말행 초문에 下經云下는 第二에 總明이라 함. 소문으로는 영인본
화엄 5책, p.286, 9행이다) 가운데 인용한 바 출현품 경에 네 병사가 저 바닷물에
나타난다고 말한 것은 오히려 이것은 상대를 기다려 나타낸 것이어니와,
지금에 사천하의 형상을 바닷물에 나타낸다고 한 것은 반드시 상대를 기다린
뒤에 나타낸 것은 아니다. 이상은 『잡화기』의 말이다.

324 원문에 사병라공四兵羅空은 제석과 아수라가 싸움에 제석이 허공에 사병四兵
을 나타낸 것을 말한다.

325 원문에 상현常現은 제구第九에 상현의常現義이다.

326 구경각窮究覺 운운은 보통 시각始覺을 사분四分하여 1. 불각不覺, 2. 상사각相似
覺, 3. 수분각隨分覺, 4. 구경각究竟覺이라 하지만, 여기서 상사각相似覺은
구경각究竟覺과 서로 비슷하다(相似)는 뜻이니 사각四覺 중 수분각隨分覺에
가깝다 하겠다.

보살은 상사각(相似)을 얻은 것이다.

鈔

經云遍十方者는 卽是今經이니 於一念頃遍十方也라 普悉包含無
所拒者는 卽指上引이라 十義所引은 皆上總中에 所引之經과 及出現
品이니 文多易了니라 但第十云호대 以不待對일새 是故常現者는 此
以第十으로 釋成第九니 卽爲揀異라 由十成九일새 故云釋成이라하
며 而九竪論하고 十是橫說일새 故爲揀也라하니라

경에 말하기를 시방에 두루한다고 한 것은 곧 지금에 이 경문이니
한 생각에 시방에 두루한다 한 것이다.
널리 다 포함[327]하여 거역하는 바가 없다고 한 것은 곧 위에 인용[328]한
경을 가리킨 것이다.
열 가지 뜻에 인용한 바 경문은 다 위에 한꺼번에 밝힌[329] 바 가운데
인용한 바 경과 그리고 출현품이니,
문장은 다분히 쉽게 알 수가 있을 것이다.
다만 제 열 번째 뜻에 말하기를 상대를 기다리지 않기에 이런 까닭으
로 항상 나타낸다고 한 것은 이것은 제 열 번째 뜻으로써 제 아홉

---

327 含은 소문疏文에 容 자이다.
328 원문에 상인上引이라고 한 것은 영인본 화엄 5책, p.287, 1행에서 인용引用한
제십오경第十五經이다.
329 원문에 상총명上總明이라고 한 것은 영인본 화엄 5책, p.287, 말행末行의
제이第二에 총명總明이다.

번째 뜻을 해석하여 성립한 것이니,

곧 다름을 가리기[330] 위한 것이다.

열 번째 뜻을 인유하여 아홉 번째 뜻을 성립하였기에 그런 까닭으로 말하기를 해석하여 성립한 것이다 하였으며,

그러나 아홉 번째 뜻은 수竪로 논하고 열 번째 뜻은 횡橫으로 설하였기에 그런 까닭으로 다름을 가리기 위한 것이다 하였다.

疏

問이라 仁王은 三賢에 都無八相之文하고 初地方云호대 方生百三千하야 一時成正覺이라하얏거늘 此之八相이 豈在信門고 答이라 卽上所引의 大集亦云호대 灌頂住菩薩이 得佛神力하니 若菩薩이 成就如是等法하면 能於無佛世界에 示現八相이라하야 乃至廣說하니 彼說住終이라 若占察經인댄 漸次作佛이 略有四種하니 何等爲四고 一者는 信滿作佛이니 所謂依種性地하야 決定信諸法이 不生不滅하며 淸淨平等하야 無可願求故요 二는 解滿作佛이요 三은 證滿作佛이니 謂淨心地요 四는 一切功德行滿作佛이니 依究竟菩薩地라하니라 起信依此하야 說信成就發心에 能八相作佛이니 文據昭然거든 況圓融門中에 不依位次아 寄終敎說하야도 信滿에 卽能因果無礙니 以因門取인댄 常是菩薩이요 以果門取인댄 卽恒

是佛이며 或雙存俱泯이니 自在難思니라 又此化現은 非唯一位가
依一類界라 而能具攝一切地位하야 遍於時處일새 故云念念遍
十方也라하니라

물겠다.

『인왕경』[331]에는 삼현三賢에 모두 팔상八相의 문장이 없고 초지에
비로소 말하기를 바야흐로 일백 삼천 국토에 태어나[332] 일시에 정각을
이룬다 하였거늘, 이 팔상이 어찌 신문信門에 있는가.

답하겠다.

곧 위에 인용한 바 『대집경』에도 또한 말하기를 관정주보살이 부처
님의 신통을 얻나니

만약 보살이 이와 같은 법을 성취한다면 능히 부처님이 없는 세계에
팔상을 나타내 보일 것이다 하여 내지 폭넓게 설하였으니,

저 『인왕경』은 십주의 종극을 설한 것이다.

만약 『점찰경』이라면 점차 부처를 짓는 것이 간략하게 네 가지가
있나니,

어떤 등이 네 가지가 되는가.

첫 번째는 믿음이 가득함에[333] 부처를 짓는 것이니

말하자면 종성지種性地를 의지하여 결정코 모든 법이 난 적도 없고

---

331 『인왕경仁王經』은 『인왕반야경仁王般若經』이다.

332 원문에 生 자는 소본에는 坐 자이다.

333 원문에 신만信滿 아래에 法故 두 글자(二字)는 衍이다. 즉 소본엔 없다는
것이다.

사라진 적도 없으며, 청정하고 평등하여 가히 서원하여 구할 것이
없는 줄 믿는 까닭이요

두 번째는 지해(解)가 가득함에 부처를 짓는 것이요

세 번째는 증득한 것이 가득함에 부처를 짓는 것이니

말하자면 정심지淨心地[334]요

네 번째는 일체 공덕행이 가득함에 부처를 짓는 것이니

구경에 보살지[335]를 의지한다 하였다.

『기신론』에 이것을 의지하여 신성취발심에 능히 팔상八相으로 부처
를 짓는 것을 설하였으니,

문장의 증거가 소연昭然하거든 하물며 원융문 가운데 지위의 차례를
의지하지 아니함이겠는가.

종교終敎를 의지하여 말할지라도 믿음이 가득함에 곧 능히 인과가
걸림이 없나니,

인문因門으로써 취한다면 항상 보살이요

과문果門으로써 취한다면 곧 항상 부처이며

혹은 함께 있기도[336] 하고 함께 없기도 하나니

자재하여 사의하기 어려운 것이다.

또 이 화현[337]은 오직 한 지위가 한 유형의 세계를 의지할 뿐만

---

334 정심지淨心地는 초지初地이다.

335 구경보살지究竟菩薩地는 십지十地 이후以後이다.

336 원문에 구존俱存이라고 한 것은 인과因果가 구존俱存하고, 불보살佛菩薩이
구존俱存한다는 것이다.

아니라 능히 일체 지위를 갖추어 섭수하여 그때 그곳에 두루하기에
그런 까닭으로 말하기를 생각 생각에 시방에 두루한다 하였다.

鈔

問仁王三賢下는 問也니 即上卷菩薩敎化品이라 經云호대 若菩薩이
住百佛國土中하야 作閻浮提王하야 王四天下인댄 修百法明門과 二
諦平等心하야 化一切衆生이라하며 下偈云호대 善覺菩薩四天下에
雙照二諦平等道하야 權化衆生遊百國하야사 始登一乘無相道라하
니 釋曰此前엔 更無成佛之文이라 答即上所引大集下는 第二答이니
於中有三이라 初는 指前引答이니 謂上引大集灌頂은 即第十住일새
故云住終이라하니 則初賢已得八相거니 何得偏引仁王에 三賢無文
이리요 若占察經下는 次에 引別文答이니 謂占察經에 作佛有四하니
初에 是信滿은 正與今文相當하고 餘三은 因便故來耳라 二에 解滿作
佛은 即同前大集에 灌頂受位요 三에 證滿者는 初證名證滿일새 故云
淨心地라하니 即初地故요 四에 究竟菩薩地는 即第十地後라 故起信
云호대 菩薩地盡하야 覺心初起에 心無初相하야 以遠離微細念故로
得見心性이니 心即常住名究竟覺이라호미 是也니라

묻겠다. 『인왕경』에는 삼현에 다 팔상의 문장이 없다고 한 아래는
묻는 것이니,
곧 상권 보살교화품이다.

───────────

337 원문에 차화현此化現이라고 한 것은 곧 팔상八相으로 화현化現한 것이다.

『인왕경』교화품에 말하기를 만약 보살이 일백 불국토[338] 가운데
머물러 염부제 왕을 지어 사천하에 왕 노릇을 한다면 백법百法[339]의
밝은 지혜문[340]과 이제二諦의 평등한 마음을 닦아서 일체중생을 교화
할 것이다 하였으며

아래 게송에 말하기를

선각보살[341]이 사천하에

이제의 평등한 도를 함께 비추어

방편으로 중생을 교화하여 일백 불국토를 유행하여야

비로소 일승의 무상도無相道에 오를 것이다 하였으니,

해석하여 말하면 이 앞에는 다시 성불한다는 문장이 없다.

답하겠다. 곧 위에 인용한 바 『대집경』이라고 한 아래는 제 두
번째 답한 것이니,

그 가운데 세 가지가 있다.

---

338 원문에 백불국토百佛國土라고 한 것은 소문疏文 가운데 百三千이라하니
一三千世界가 爲一佛國土故라. 즉 한 삼천 세계가 한 부처님의 국토가
되는 까닭이다.

339 백법百法은 유식唯識에서 말하고 있는 백법百法이다. 백법명문百法明門은
초지보살初地菩薩이 얻는다.

340 백법의 밝은 지혜문이란, 곧 초지에서 증득한 바 지혜이니 칭자권稱字卷
초 9장에 십법명十法明이 있다. 이상은 『잡화기』의 말이다.

341 선각보살이라고 한 것은 초지선각마하연初地善覺摩訶衍이니 곧 인왕십삼법
사二王十三法師 가운데 제 네 번째이니 이 앞은 다 삼현三賢이고 뒤에 아홉
법사는 이지二地로부터 십지十地에 이르는 것이다.

처음에는 앞에 인용한 것을 가리켜 답한 것이니

말하자면 위에 인용한 『대집경』에 관정주보살은 곧 제십주보살이기
에 그런 까닭으로 말하기를 십주의 종극이다 하였으니,

곧 처음 삼현[342]에 이미 팔상을 얻었거니 어찌 『인왕경』에는 삼현에
다 팔상의 문장이 없다고 한 것을 치우쳐 인용함을 얻겠는가.

만약 『점찰경』이라면이라고 한 아래는 다음에 다른 경문[343]을 인용하
여 답한 것이니,

말하자면 『점찰경』에 부처를 짓는 것이 네 가지가 있나니,

처음에 믿음이 가득함에 부처를 짓는다고 한 것은 바로 지금 경문으
로 더불어 서로 해당하고, 나머지 세 가지는 편리함을 인유한 까닭으
로 이끌어 왔을 뿐이다.

두 번째 지혜가 가득함에 부처를 짓는다고 한 것은 곧 앞의 『대집
경』에 관정주보살이 지위를 받은 것과 같은 것이요

세 번째 증득한 것이 가득함에 부처를 짓는다고 한 것은 처음 증득한
것을 증득한 것이 가득하다고 이름하기에 그런 까닭으로 말하기를
정심지라 하였으니 곧 초지初地인 까닭이요

네 번째 구경에 보살지라고 한 것은 곧 제십지 이후이다.

그런 까닭으로 『기신론』에 말하기를 보살의 지위[344]가 다하여 깨달음
의 마음이 처음 일어남에 마음에 처음 일어나는 모습조차 없어서

---

342 원문에 초삼현初三賢이라고 한 것은 곧 십주十住이다.

343 원문에 별문別文은 『점찰경占察經』이다.

344 『起信論』云 보살지진菩薩地盡이라고 한 것은

미세한 생각을 멀리 떠난 까닭으로 심성을 얻어 보나니,
마음이 곧 항상 머무는 것을 구경각이라 이름한다 한 것이 이것이다.

起信依此下는 上正引經이요 此傍引論이라 用信成就發心은 卽第一
信滿位라 論云호대 菩薩이 發是心故로 則得少分見於法身하며 以見
法身故로 隨其願力하야 能現八種하야 利益衆生케하나니 所謂從兜
率天退하고 入胎住胎하고 出胎出家하고 成道轉法輪하고 入涅槃이
라하니 卽八相之文也니라 況圓融門中等者는 三에 況出圓義이니 則
上所引은 尙是行布니 以四位成佛에 深淺不同故요 今엔 初卽具後일
새 故是圓融이라 今約信滿은 猶寄終敎說耳라 因果無礙下는 通伏難
이니 謂有難云호대 若初卽後인댄 應壞因果故라할새 故爲此通하야
明其無礙니 正在因時가 卽有果요 果中有因이라 隨門不同일새 名因
名果언정 體無前後일새 故得圓融이라 雙存은 則亦因亦果요 俱泯은
則果海離言이라 又此化現은 非唯一位가 依一類界等者는 重揀前
文이니 以圓融에 非唯一位라 則顯具一切地位요 非依一類界라 則顯
遍於時處也니라 第一에 海印三昧는 竟이라

執相應染	信相應地	十住에서 能斷	
不斷相應染	淨心地	初地에서 能斷	有相方便地
分別智相應染	具戒地	二地에서 漸離	
現色不相應染	色自在地	八地에서 能離	無相方便地
能見心不相應染	心自在地	九地에서 能離	
根本業不相應染	菩薩盡地	如來地에서 究竟斷	

이상은 『기신론起信論』을 근간하여 설출說出하였다.

『기신론』에 이것을 의지하였다고 한 아래는 이 위에서는 바로『점찰 경』을 인용하였고, 여기서는 곁[345]으로『기신론』을 인용하였다. 『기신론』에 신성취발심을 인용[346]한 것은 곧 제일에 믿음이 가득한 지위이다.

『기신론』에 말하기를 보살이 이 마음을 일으킨 까닭으로 곧 조금 법신 봄을 얻었으며,

법신을 본 까닭으로 그 원력을 따라 능히 여덟 가지를 나타내어 중생을 이익케 하나니,

말하자면 도솔천으로 좇아 떠나오고 태에 들어가고 태에 머물고 태에서 나오고 출가하고 성도하고 법륜을 전하고 열반에 들어가는 것이다 하였으니,

곧 팔상의 문장이다.

하물며 원융문 가운데라고 한 등은 세 번째 원융문의 뜻을 비황하여 설출한 것이니,

곧 위에 인용한 바는 오히려 행포문이니 사위四位로써 성불함[347]에 깊고 얕은 것이 같지 않는 까닭이요

---

345 方은 傍 자가 좋다.

346 원문에 정인正引과 방인傍引은 별다른 뜻이 있지 않지만 그러나 문체는 그러함을 용납하는 것이다. 역시『잡화기』의 말이다.

347 원문에 사위성불四位成佛이란, 신만작불信滿作佛, 해만작불解滿作佛, 증만작 불證滿作佛, 일체공덕행만작불一切功德行滿作佛이니 소문疏文에 잘 나타나 있다.

지금에는 초위初位[348]가 곧 후위後位를 갖추기에 그런 까닭으로 원융문이다.

지금에 믿음이 가득함에 부처를 짓는 것을 잡은 것은[349] 오히려 종교를 의지하여 설한 것이다.

인과가 걸림이 없다고 한 아래는 잠복하여 비난함을 통석한 것이니, 말하자면 어떤 사람이 비난하여 말하기를 만약 초위가 곧 후위라고 한다면 응당 인과를 무너뜨리는 까닭이다 하기에 그런 까닭으로 이것을 통석하여 그 인과가 걸림이 없음을 밝힌 것이니

바로 인위에 있을 때가 곧 과위에 있을 때이고, 과위 가운데 있을 때가 인위에 있을 때이다.

문門[350]을 따라 같지 않기에 인이라 이름하고 과라 이름할지언정 그 자체는 전후가 없기에 그런 까닭으로 원융하다고 함을 얻는 것이다.

함께 있기도 하다고 한 것은 곧 또한 인이라고도 하고 또한 과라고도 하는 것이요

함께 없기도 하다고 한 것은 과의 바다(果海)는 말을 떠난 것이다.

또 화현은 오직 한 지위가 한 유형의 세계를 의지할 뿐만 아니라고

---

348 초위初位는 곧 신위信位이다.

349 원문에 금약신만今約信滿이라고 한 것은 영인본 화엄 5책, p.293, 1행에 기종교설寄終敎說 이하의 말이다.

350 문門이란, 인문因門과 과문果門이다.

한 등은 앞에 문장을 거듭 가린 것³⁵¹이니,

원융문에 오직 한 지위뿐만 아니라 곧 일체 지위를 갖춘 것을 나타낸 것이요

한 유형의 세계를 의지할 뿐만 아니라 곧 그때 그곳에 두루함을 나타낸 것이다.

첫 번째 해인의 삼매문은³⁵² 마친다.

---

351 앞에 문장을 거듭 가린 것이라고 한 것은 앞에 팔상성도의 문장을 가져 이 원융을 나타낸 것이고 행포가 아님을 가린 것이다. 혹은 말하기를 앞에 『대집경』과 『점찰경』의 문장이 다 한 지위에 한 세계인 까닭으로 여기에 가린다 하였으니, 그 뜻이 그렇지 아니할까 염려한다. 역시 『잡화기』의 말이다.

352 첫 번째 해인의 삼매문은 영인본 화엄 5책, p.282, 말행에 열 가지 삼매의 업용 가운데 첫 번째 원명해인삼매문圓明海印三昧門이다.

嚴淨不可思議刹케하고　供養一切諸如來하며
放大光明無有邊하고　　度脫衆生亦無限하니다

智慧自在不思議하고　　說法言辭無有礙하며
施戒忍進及禪定과　　　智慧方便神通等의

如是一切皆自在는　　　以佛華嚴三昧力이니다

가히 사의할 수 없는 국토를 장엄하여 청정케 하고
일체 모든 여래에게 공양하며
큰 광명 놓기를 끝이 없이 하고
중생을 제도하여 해탈케 하기를 또한 한없이 하십니다.

지혜는 자재하여 사의할 수 없고
법을 설하는 말씀은 걸림이 없으며
보시와 지계와 인욕과 정진과 그리고 선정과
지혜와 방편과 신통 등의

이와 같은 일체에 다 자재하신 것은
부처님의 화엄삼매의 힘입니다.

疏

第二에 嚴淨下는 華嚴三昧라 文有十句하니 略辨七行이라 前六句
는 各一行이요 七八은 是十度行이요 九는 結上自在요 十은 總結所
依니 萬行如華하야 嚴法身故니라 餘如別說하니라

제 두 번째 가히 사의할 수 없는 국토를 장엄하여 청정케 한다고
한 아래는 화엄의 삼매이다.
경문에 열 구절이 있나니,
간략하게 일곱 가지 행을 분별한 것이다.
앞에 여섯 구절은 각각 한 가지 행이요
일곱 번째와 여덟 번째 구절은 십바라밀행이요
아홉 번째 구절은 위에 자재를 맺은 것이요
열 번째 구절은 의지할 바를 모두 맺은 것이니,
만행이 꽃과 같아 법신을 장엄한 까닭이다.
나머지는 별설別說[353]과 같다.

鈔

萬行如華等者는 遺忘集說호대 略有十觀하니 一은 攝相歸眞觀이요
二는 相盡證實觀이요 三은 相盡無礙觀이요 四는 隨相攝生觀이요 五
는 緣起相收觀이요 六은 微細容攝觀이요 七은 一多相卽觀이요 八은

---

353 별설別說은 『현담玄談』이다.

帝網重重觀이요 九는 主伴圓融觀이요 十은 果海平等觀이라하니라
然此十觀이 融四法界하니 初二는 理法界이니 始終不異요 三은 卽事
理無礙法界요 四는 卽事法界요 次五는 卽事事無礙法界니 五는 卽
一多相容不同門이요 六은 卽微細相容安立門이요 七은 卽諸法相卽
自在門이요 八은 卽因陀羅網境界門이요 九는 卽主伴圓融具德門이
요 其第十觀은 果海絶言이라 通爲前四之極이니 則四法界와 十種玄
門은 皆約因分이라 然此十觀으로 略收萬類나 不異玄中일새 故指在
餘며 又釋題中에 廣顯華嚴義竟이라 又還源觀釋云호대 廣修萬行하
야 稱實成德하고 普周法界하야 而證菩提가 如華有結實之用하야 行
有感果之能하나니 今則託事表彰일새 所以로 擧華爲喩니라 嚴者는
行成剋果에 契理稱眞하야 性相兩亡하고 能所俱絶하야 顯煥炳著일
새 故名嚴也니라 良以非眞流之行인댄 無以契眞거니 何有飾眞之行
이 不從眞起리요 此則眞該妄末하야 行無不修하고 妄徹眞源하야 相
無不寂일새 故曰法界自在圓明無礙用이 爲華嚴三昧也라하니라 若
更總釋인댄 總以萬行으로 嚴於法界하야 成於法身이 爲華嚴也니 行
有行布圓融하고 成佛에도 亦有十身總別하니라 別如普眼長者가 以
十波羅蜜로 嚴成十身하고 融如八地가 一念之中에 十度圓修하야 成
佛之時에 十身無礙하나니 故曰華嚴이라하니라 餘如題中하니라 第二
에 華嚴三昧는 竟이라

만행이 꽃과 같다고 한 등은 『유망집遺忘集』[354]에 말하기를 간략하게

---

354 『유망집遺忘集』은 현수賢首스님이 지었다(造).

십관이 있나니,

첫 번째는 모습을 거두어 진실에 돌아감을 관찰하는 것이요

두 번째는 모습이 다함에 진실을 증득함을 관찰하는 것이요

세 번째는 모습이 다함에 걸림이 없음[355]을 관찰하는 것이요

네 번째는 모습을 따라 중생을 섭수함을 관찰하는 것이요

다섯 번째는 인연으로 일어나 서로 거두는 것을 관찰하는 것이요

여섯 번째는 미세한 것까지 용납하여 섭수함을 관찰하는 것이요

일곱 번째는 일一과 다多가 서로 즉함을 관찰하는 것이요

여덟 번째는 제석궁의 그물이 중중무진함을 관찰하는 것이요

아홉 번째는 주主와 반伴이 원융함을 관찰하는 것이요

열 번째는 과해果海가 평등함을 관찰하는 것이다 하였다.

그러나 이 십관이 사법계를 융섭하였으니

처음에 두 가지 관은 이법계이니

처음과 끝이 다르지 않는 것이요

세 번째 관은 곧 사리무애법계요

네 번째 관은 곧 사법계요

다음에 다섯 관은 곧 사사무애법계관이니

다섯 번째 관은 곧 일一과 다多가 서로 용납하여 같지 않는 문門이요

여섯 번째 관은 곧 미세한 것까지 서로 용납하여 안립하는 문이요

---

355 원문에 상진무애相盡無礙라고 한 것은 모습이 다함에 저 모습에 걸리지 않는 까닭으로 사리무애事理無礙가 되는 것이다.

일곱 번째 관은 곧 모든 법이 서로 즉하여 자재한 문이요

여덟 번째 관은 곧 인다라 그물경계문이요

아홉 번째 관은 곧 주와 반이 원융하여 공덕을 갖춘 문이요

그 제 열 번째 관은 과해가 말을 끊은 것이다.

모두 앞에 사법계[356]의 지극이 되는 것이니,

곧 사법계와 십현문은 다 인분因分을 잡은 것이다.

그러나 이 십관으로 간략하게 만류의 행(萬行)을 거두었지만 『현담』 가운데[357] 설한 것과 다르지 않기에 그런 까닭으로 나머지는 별설別設에 있다고 가리킨 것이며

또 경의 제목을 해석한 가운데 폭넓게 화엄의 뜻을 나타내어 마쳤다. 또 『망진환원관』에[358] 해석하여 말하기를 만행을 널리 닦아[359] 진실에 칭합하여 공덕을 이루고 널리 법계에 두루하여 보리를 증득하는 것이 마치 꽃이 열매를 맺을 작용이 있는 것과 같이 만행이 과보를 감득할 공능이 있나니,

지금에는 곧[360] 사실에 의탁하여 표하여 밝히기에 그런 까닭으로

---

356 원문에 前四란, 곧 사법계라고 『잡화기』는 말한다.

357 원문에 玄中이란, 곧 『현담』을 가리키는 것이니, 저 『현담』에 사법계와 십현문을 밝힌 까닭이다. 역시 『잡화기』의 말이다.

358 또 『망진환원관』이라고 한 것은 만약 다시(若更)라 한 이상이 다 이 『망진환원관』의 글이니, 저 『망진환원관』을 기준한다면 문장은 조금 다르지만 뜻으로 가히 회통할 것이다. 역시 『잡화기』의 말이다.

359 널리 닦아(廣修) 운운은 『망진환원관妄盡還源觀』엔 廣修라는 말 위에 三昧者란 세 글자(三字)가 더 있다.

꽃을 들어 비유한 것이다.

엄嚴이라고 한 것은 만행이 극과剋果[361]를 이룸에 진리에 계합하고 진실에 칭합하여 자성(性)과 모습(相)을 둘 다 잊고 능과 소를 함께 끊어 밝게 빛나고 밝게 나타나기에 그런 까닭으로 엄嚴이라 이름하는 것이다.

진실로 진실한 사람(流)의 행이 아니면 진실에 계합할 수 없거니 어찌 진실을 꾸미는 행이 진실로 좇아 일어나지 아니함이 있겠는가. 이것은 곧 진실이 허망의 지말을 갖추어 행마다 닦지 아니함이 없고, 허망이 진실의 근원에 사무쳐 모습마다 고요하지 아니함이 없기에 그런 까닭으로 말하기를 법계의 자재하고 원만하고 밝고 걸림 없는 작용이 화엄삼매가 된다 하였다.

만약 다시 한꺼번에 해석한다면 모두 만행으로써 법계를 장엄하여 법신을 이루는 것이 화엄이 되나니,

행에는 행포와 원융[362]이 있고 성불에도 또한 십신十身의 총과 별이 있다.

별別이라고 하는 것은 마치 보안장자가[363] 십바라밀로써 십신을 장엄

---

360 지금에는 곧 운운한 것은 이 앞에 뜻을 가리킨 것이 아니라 다만 위에 뜻을 나타낼 뿐이다. 역시 『잡화기』의 말이다.

361 剋은 정할 극이니, 결정된 과위果位를 극과剋果라 한다. 『망진환원관妄盡還源觀』엔 과만果滿이라 하였다.

362 행포行布는 別이고, 원융圓融은 總이다.

363 원문에 여보안장자如普眼長者란, 일바라밀一波羅蜜로 일신一身을 엄성嚴成하고, 일바라밀一波羅蜜로 일신一身을 엄성嚴成하여 차례로 십신十身을 엄성嚴成한다는 것으로 別이다.

하여 이룬 것과 같고, 원융[364]이라고 하는 것은 마치 팔지보살이
한 생각 가운데 십바라밀을 원만하게 닦아 성불할 때에 십신이
걸림이 없는 것과 같나니,
그런 까닭으로 말하기를 화엄이라 하는 것이다.
나머지는 제목 가운데 해석한 것과 같다.

제 두 번째 화엄의 삼매문은 마친다.

---

[364] 원융이란, 總이다. 바로 한 줄 앞에 십신의 총과 별이라 한 총이니, 위에
별을 상대한 것이다.

經

一微塵中入三昧하야 成就一切微塵定이나
而彼微塵亦不增하고 於一普現難思刹하니다

彼一塵內衆多刹이　或有有佛或無佛하며
或有雜染或淸淨하며 或有廣大或狹小하니다

或復有成或有壞하며 或有正住或傍住하며
或如曠野熱時焰하고 或如天上因陀網하니다

如一塵中所示現하야 一切微塵悉亦然하나니
此大名稱諸聖人의　三昧解脫神通力이니다

하나의 작은 티끌 가운데서 삼매에 들어가
일체 작은 티끌[365] 가운데서 삼매를 성취하시지만
저 하나의 작은 티끌도 또한 더하지 않고
한 티끌에 널리 사의하기 어려운 국토를 나타내십니다.

---

[365] 일체 작은 티끌이라고 한 것은 처음에는 곧 이것은 위에 하나의 작은 티끌 가운데 구족한 바이고, 뒤에는 곧 이것은 하나의 작은 티끌 밖에 나머지 티끌이니, 대개 처음의 뜻은 곧 하나 가운데 많은 것을 갖추는 것이니 삼매 "하야" 토이고, 뒤의 뜻은 곧 하나로써 많은 것에 비례한 것이니 삼매 "일새" 토이다. 역시 『잡화기』의 말이다.

저 한 티끌 안에 수많은 국토가
혹 어떤 국토는 부처님이 있기도 하고 혹 부처님이 없기도 하며
혹 어떤 국토는 섞이어 더럽기도 하고 혹 청정하기도 하며
혹 어떤 국토는 광대하기도 하고 혹 협소하기도 합니다.

혹 다시 어떤 국토는 이루어지기도 하고 혹 무너지기도 하며
혹 어떤 국토는 바로 머물기도 하고 혹은 옆으로 머물기도[366] 하며
혹은 광야에 아지랑이 같고
혹은 천상의 인다라 그물과 같습니다.

마치 한 티끌 가운데 시현한 바와 같아서
일체 작은 티끌에도 다 또한 그렇게 하나니
이것이 큰 이름 얻은 모든 성인의
삼매와 해탈과 신통의 힘입니다.

疏

第三에 一微塵中下에 四頌은 明因陀羅網三昧門이니 於中初二
句는 標定心境이라 然有二意하니 一은 由一多相卽일새 故入一定
하야 能成多定하고 由成多定일새 令一塵內에 有一切塵하고 一一
塵中에 現一切刹이라 二는 但令一塵現刹하고 一切亦爾일새 故云

---

366 원문에 정주正住는 바로 서 있다는 뜻이고, 방주傍住는 옆으로 누워 있다는
뜻이다.

成就一切微塵定이라하니라 次二句는 明不壞相而普現이니 故云
不增이라하니라 次二頌은 明一塵中에 所現刹相이니 無礙如焰하
고 重現如帝網이라 次半頌은 擧一例餘니 亦有二意라 一은 例上
一塵之內에 所具之塵이요 二는 例如一塵에 入定示現하야 餘塵入
定하야 示現亦然하니라

제 세 번째 하나의 작은 티끌 가운데라고 한 아래에 네 게송은
인다라 그물의 삼매문을 밝힌 것이니
그 가운데 처음에 두 구절은 삼매의 마음과 경계[367]를 표한 것이다.
그러나 두 가지 뜻[368]이 있나니
첫 번째는 일一과 다多가 서로 즉함을 인유하기에 그런 까닭으로
한 삼매에 들어가 능히 수많은 삼매를 이루고 수많은 삼매를 이룸을
인유하기에 하여금 한 티끌 안에 일체 티끌을 있게 하고 낱낱 티끌
가운데 일체 국토를 나타나게 하는 것이다.[369]
두 번째는 다만 한 티끌에도 하여금 일체 국토를 나타나게 하고

---

367 삼매의 마음과 경계라고 한 것은 삼매는 이 정심定心이고, 작은 티끌은
    이 정경定境이다. 역시 『잡화기』의 말이다.
    원문에 정심경定心境이라고 한 것은 또한 삼매경三昧境이며, 능입심能入心
    이다.
368 두 가지 뜻(二意)이라고 한 것은, 一은 一塵內에 一切塵을 갖추고 있는
    것이고, 二는 一塵外에 나머지 一切塵에도 또한 그렇다는 것이다.
369 일체 국토를 나타낸다고 한 것은 비록 처음 二句 가운데는 이 말이 없고
    第四句에 이르러서 바야흐로 이 말이 있으나, 그 뜻은 곧 二句 가운데
    이미 갖추어 있는 까닭이다. 역시 『잡화기』의 말이다.

일체 티끌에도 또한 그렇게[370] 하게 하기에 그런 까닭으로 말하기를 일체 작은 티끌 가운데서 삼매를 성취한다 하였다.

다음에 두 구절은 모습을 무너뜨리지 않고 널리 나타내는 것이니[371] 그런 까닭으로 말하기를 더하지 않았다 하였다.

다음에 두 게송은 한 티끌 가운데 나타낸 바 국토의 모습을 밝힌 것이니[372]

걸림이 없는 것은 아지랑이와 같고, 거듭 나타낸 것은 제석궁중의 그물과 같은 것이다.

다음에 반 게송은[373] 하나를 들어 나머지를 비례한 것이니 또한 두 가지 뜻이 있다.

첫 번째는 위에 한 티끌 안에 구족한 바 티끌에 비례한 것이요 두 번째는 한 티끌 가운데 삼매에 들어가 시현한 것과 같아서 나머지 일체 작은 티끌 가운데 삼매에 들어가 시현하는 것도 또한 그렇게 한다고 함에 비례한 것이다.

---

370 원문에 역이亦爾란, 현찰現刹이니 즉 국토를 나타나게 한다는 것이다.

371 원문에 차이구명불괴次二句明不壞란, 일진一塵과 일체진一切塵을 다 가리킨 것이다.

372 원문에 차이송명일진次二頌明一塵이란, 제일의第一意에 능구能具의 일진一塵과 제이의第二意에 일진一塵에 현찰現刹을 말하고 있다.

373 원문에 차반송次半頌 운운은 나머지 소구所具의 일체진一切塵과 제이의第二意에 일체진一切塵에도 역이亦爾라 한 것을 가리킨 것이다.

鈔

次半頌은 擧一例餘者는 前意는 對前第一意니 旣一塵之中에 有多
塵일새 向來에 方說一塵攝剎이라하얏거니와 今엔 方說塵內에 所具餘
塵攝剎이요 後意는 對前第二意니 此所例塵은 非前塵內라 是前塵外
에 遍法界中塵也니라

다음에 반 게송은 하나를 들어 나머지를 비례한다고 한 것은 앞에
뜻은 앞의 제일 첫 번째 뜻[374]을 상대한 것이니,
이미 한 티끌 가운데 수많은 티끌이 있기에 향래에서는 바야흐로
한 티끌에 일체 국토를 섭수한다고 설하였거니와, 지금에는 바야흐
로 한 티끌 안에 구족한 바 나머지 일체 티끌에도 일체 국토를
섭수한다고 설한 것이요
뒤에 뜻은 앞의 제 두 번째 뜻[375]을 상대한 것이니,
여기에 비례한 바 티끌은 앞에서 말한 티끌 안에 티끌이 아니라
앞의 티끌 밖에 온 법계 가운데 티끌이다.

疏

後二句는 結用所因이니 略辨三門하리라 一은 三昧力이니 此同標

---

[374] 원문에 전의前意란, 今二意中第一에 예상일진例上一塵 운운云云이고, 전제일
의前第一意란, 전표정심경前標定心境의 二意中第一에 由一多 운운이다.
[375] 원문에 후의後意란, 今第二에 예여일진例如一塵 운운云云이고, 前第二意는
단령일진但令一塵 운운이다.

中이요 二는 不思議解脫力이니 如不思議品云호대 於一塵中에 現
三世佛刹等이요 三은 神通力이니 謂幻通自在니 並如下說하니라
三에 因陀羅網三昧門은 竟이라

뒤에 두 구절[376]은 작용의 원인한 바를 맺는 것이니
간략하게 삼문三門으로 분별하겠다.
첫 번째는 삼매의 힘이니,
이것은 표중標中[377]의 삼매와 같은 것이요
두 번째는 사의할 수 없는 해탈의 힘이니,
불부사의품에 말하기를 한 티끌 가운데 삼세에 부처님의 국토 등을
나타낸다고 한 것과 같은 것이요
세 번째는 신통의 힘이니,
말하자면 환과 같은 신통이 자재한 것이니 모두 아래에 설한 것과
같다.

제 세 번째 인다라 그물의 삼매문은 마친다.

---

376 원문에 후이구後二句란, 후게後偈 가운데 후이구後二句이다.
377 표중標中이란, 앞(前)에 初二句는 표정심경標定心境이라 한 것이다.

經

若欲供養一切佛인댄 入於三昧起神變하야
能以一手遍三千하야 普供一切諸如來하니다

十方所有勝妙華와 塗香末香無價寶인
如是皆從手中出하야 供養道樹諸最勝하니다

無價寶衣雜妙香과 寶幢幡蓋皆嚴好하며
眞金爲華寶爲帳을 莫不皆從掌中雨하니다

十方所有諸妙物을 應可奉獻無上尊코자
掌中悉雨無不備하야 菩提樹前持供佛하니다

十方一切諸妓樂과 鐘鼓琴瑟非一類가
悉奏和雅妙音聲호대 靡不從於掌中出하니다

十方所有諸讚頌으로 稱歎如來實功德하는
如是種種妙言辭를 皆從掌內而開演하니다

菩薩右手放淨光하고 光中香水從空雨하야
普灑十方諸佛土하야 供養一切照世燈하니다

만약 일체 부처님께 공양하고자 한다면
삼매에 들어가 신통 변화를 일으켜

능히 한 손으로 삼천세계에 두루하여
널리 일체 모든 여래에게 공양합니다.

시방에 있는 바 수승하고 묘한 꽃과
바르는 향과 가루 향과 값으로 따질 수 없는 보배인
이와 같은 것을 다 손 가운데로 좇아내어
도수道樹인 가장 수승한 부처님께 공양합니다.

값으로 따질 수 없는 옷과 여러 가지 향이 섞인 묘한 향과
보배 당기와 번과 일산이 다 장엄이 좋으며
진금으로 꽃이 되고 보배로 휘장이 된 것을
다 손바닥 가운데로 좇아 비 내리지 아니함이 없습니다.

시방에 있는 바 모든 묘한 물건을
응당 가히 무상존께 받들어 올리려고
손바닥 가운데서 다 빠짐없이 비 내려
보리수 앞에 가져가 부처님께 공양하였습니다.

시방에 일체 모든 기생과 음악과
종과 북과 거문고와 비파인 한 종류가 아닌 것이
다 온화하고 청아한 묘한 음성을 연주하되
손바닥 가운데로 좇아 나오지 아니함이 없습니다.

시방에 있는 바 모든 찬송으로
여래의 진실한 공덕을 칭찬하는
이와 같은 가지가지 묘한 말씀을
다 손바닥 가운데로 좇아 열어 연설합니다.

보살이 오른손으로 청정한 광명을 놓고
광명 가운데 향수를 허공으로 좇아 비 내려
널리 시방에 모든 부처님의 국토에 뿌려
일체 세간을 비추는 등불에게 공양합니다.

經

又放光明妙莊嚴하고 出生無量寶蓮華호대
其華色相皆殊妙하니 以此供養於諸佛하니다

又放光明華莊嚴하고 種種妙華集爲帳하야
普散十方諸國土하야 供養一切大德尊하니다

又放光明香莊嚴하고 種種妙香集爲帳하야
普散十方諸國土하야 供養一切大德尊하니다

又放光明末香嚴하고 種種末香聚爲帳하야
普散十方諸國土하야 供養一切大德尊하니다

又放光明衣莊嚴하고 種種名衣集爲帳하야
普散十方諸國土하야 供養一切大德尊하니다

又放光明寶莊嚴하고 種種妙寶集爲帳하야
普散十方諸國土하야 供養一切大德尊하니다

又放光明蓮莊嚴하고 種種蓮華集爲帳하야
普散十方諸國土하야 供養一切大德尊하니다

又放光明瓔莊嚴하고 種種妙瓔集爲帳하야
普散十方諸國土하야 供養一切大德尊하니다

又放光明幢莊嚴하고 其幢絢煥備衆色호대
種種無量皆殊好하니 以此莊嚴諸佛土하니다

種種雜寶莊嚴蓋에 衆妙繒幡共垂飾한대
摩尼寶鐸演佛音하니 執持供養諸如來하니다

手出供具難思議하야 如是供養一導師하고
一切佛所皆如是하니 大士三昧神通力이니다

또 광명을 놓아 묘하게 장엄하고
한량없는 보배 연꽃을 출생하되
그 꽃의 색상이 다 수특하고 묘하니
이것으로써 모든 부처님께 공양합니다.

또 광명을 놓아 꽃으로 장엄하고
가지가지 묘한 꽃을 모아 휘장을 삼아
널리 시방의 모든 국토에 흩어
일체 대덕 세존에게 공양합니다.

또 광명을 놓아 향으로 장엄하고
가지가지 묘한 향을 모아 휘장을 삼아
널리 시방의 모든 국토에 흩어
일체 대덕 세존에게 공양합니다.

또 광명을 놓아 가루 향으로 장엄하고
가지가지 가루 향을 모아 휘장을 삼아
널리 시방의 모든 국토에 흩어
일체 대덕 세존에게 공양합니다.

또 광명을 놓아 옷으로 장엄하고
가지가지 유명한 옷을 모아 휘장을 삼아
널리 시방의 모든 국토에 흩어
일체 대덕 세존에게 공양합니다.

또 광명을 놓아 보배로 장엄하고
가지가지 묘한 보배를 모아 휘장을 삼아
널리 시방의 모든 국토에 흩어
일체 대덕 세존에게 공양합니다.

또 광명을 놓아 연꽃으로 장엄하고
가지가지 연꽃을 모아 휘장을 삼아
널리 시방의 모든 국토에 흩어
일체 대덕 세존에게 공양합니다.

또 광명을 놓아 영락으로 장엄하고
가지가지 묘한 영락을 모아 휘장을 삼아
널리 시방의 모든 국토에 흩어

일체 대덕 세존에게 공양합니다.

또 광명을 놓아 당기로 장엄하고
그 당기가 곱고[378] 빛나 수많은 색상을 갖추었으되
가지가지 한량없는 색상이 다 수특하고 묘하니
이것으로써 모든 부처님의 국토를 장엄합니다.

가지가지 보배로 섞어 장엄한 일산에
수많은 묘한 비단 번을 함께 내려 장식한데
마니 보배 요령이 부처님의 음성을 연설하니
잡아 가져 모든 여래에게 공양합니다.

손으로 사의하기 어려운 공양구를 내어
이와 같이 한 도사에게 공양하고
일체 부처님의 처소에도 다 이와 같이 하니
대사의 삼매 속 신통의 힘입니다.

疏

第四에 若欲下에 十八頌은 明手出廣供三昧門이니 初一은 總標요
後一은 通結이요 中間은 別顯이라 欲顯勝妙하야 略擧一手하야
爲供所依는 由於昔時에 以手持供하야 供佛施人호대 稱周法界일

---

378 絢은 '무늬 현, 고울 현' 자이다.

새 故令眞流供具로 等諸佛之難思케하니라

제 네 번째 만약 일체 부처님께 공양하고자 한다면이라고 한 아래에 열여덟 게송은 한 손으로 공양구를 내어 널리 부처님께 공양[379]하는 삼매문을 밝힌 것이니

처음에 한 게송은 한꺼번에 표한 것이요

뒤에 한 게송은 모두 맺는 것이요

중간에 열여섯 게송은 따로 나타낸 것이다.

수승하고 묘함을 나타내고자 하여 간략하게 한 손만을 거론하여 공양의 의지할 바를 삼은 것은 석시昔時에 손으로써 공양구를 가져 부처님께 공양하고 사람에게 보시하되 법계에 칭합하여 두루함을 인유하였기에 그런 까닭으로 진실한 사람의 공양으로 하여금 모든 부처님의 사의하기 어려움과 같게 하는 것이다.

鈔

由於昔時에 以手持供하야 供佛施人等者는 此出因也니 供佛施人은 約其施行인댄 稱周法界요 約其施心인댄 入深觀故라 故令眞流供具 等者는 顯今果也니 眞流供具는 顯出供時心이니 以稱法界手로 出供 具故라 等諸佛之難思者는 稱因境也니 因雖尊勝이나 心不稱境이면 非眞供養이니 由稱眞之因하야사 感稱眞之果하야 能供眞佛之境이

---

379 원문에 수출광공手出廣供이라고 한 것은 一手로 出供具하야 供佛也니, 즉 한 손으로 공양구를 내어 부처님께 공양한다는 뜻이다.

라 四에 手出廣供三昧門은 竟이라

석시에 손으로써 공양구를 가져 부처님께 공양하고 사람에게 보시하
였다고 한 등은 이것은 석시에 원인을 설출한 것이니,
부처님께 공양하고 사람에게 보시하였다고 한 것은 그 보시하는
행을 잡는다면 법계에 칭합하여 두루하는 것이요
그 보시하는 마음을 잡는다면 깊이 관찰함에 들어가는 까닭이다.
그런 까닭으로 진실한 사람의 공양구로 하여금이라고 한 등은 지금
에 과보를 나타낸 것이니,
진실한 사람의 공양구라고 한 것은 공양구를 낼 때의 마음을 나타낸
것이니
법계에 칭합한 손으로써 공양구를 내는 까닭이다.
모든 부처님의 사의하기 어려움과 같게 한다고 한 것은 원인과
경계380에 칭합하는381 것이니,
원인이 비록382 높고 수승하지만 마음이 경계에 칭합하지 아니하면

---

380 원인과 경계라고 한 것은 『잡화기』에 말하기를 원인 가운데 사의하기 어려운
부처님께 공양하였다고 한 즉 부처님은 이 공양할 바 경계가 되는 까닭이다
하였다.

381 원문에 칭인경稱因境이라고 한 것은 칭인稱因과 칭경稱境이니 원인은 곧
석시昔時에 법계法界의 원인에 칭합한 까닭으로 존승尊勝한 것이다. 경계는
곧 사의하기 어려운 부처님의 경계에 칭합하는 까닭으로 널리 부처님의
세계에 공양하는 것이다. 소문疏文에 잘 나타나 있다.

382 원인이 비록이라고 한 그 원인은 경계를 가리키는 것이고, 바로 아래 그
행에 진실한 원인이라고 한 그 원인은 마음을 가리키는 것이라고 『잡화기』는

진실한 공양이 아니니 진실한 원인에 칭합함을 인유하여야 진실한 과보에 칭합함을 감득하여 능히 진실한 부처님의 경계에 공양하는 것이다.

제 네 번째 한 손으로 공양구를 내어 널리 부처님께 공양하는 삼매문은 마친다.

말한다.

經

菩薩住在三昧中하야 種種自在攝衆生호대
悉以所行功德法과　無量方便而開誘하니다

보살이 삼매 가운데 머물러 있어
가지가지 자재로 중생을 섭수하되
다 수행한 바 공덕의 법과
한량없는 방편으로 열어 유도합니다.

疏

第五에 菩薩住下에 八頌은 明現諸法門三昧門이니 分四하리라 初
一은 總標多門이라

제 다섯 번째 보살이 삼매 가운데 머물러 있다고 한 아래에 여덟
게송은 모든 법문을 나타내는 삼매문을 밝힌 것이니,
네 가지로 나누겠다.
처음에 한 게송은 다문多門을 한꺼번에 표한 것이다.

經

或以供養如來門하고 或以難思布施門하며
或以頭陀持戒門하고 或以不動堪忍門하니다

或以苦行精進門하고 或以寂靜禪定門하며
或以決了智慧門하고 或以所行方便門하니다

或以梵住神通門하고 或以四攝利益門하며
或以福智莊嚴門하고 或以因緣解脫門하니다

或以根力正道門하고 或以聲聞解脫門하며
或以獨覺淸淨門하고 或以大乘自在門하니다

或以無常衆苦門하고 或以無我壽者門하며
或以不淨離欲門하고 或以滅盡三昧門하니다

혹은 여래에게 공양하는 문門으로써 유도하고
혹은 사의하기 어려운 보시문으로써 유도하며
혹은 두타의 지계문으로써 유도하고
혹은 움직이지 않는 감인문으로써 유도합니다.

혹은 고행하는 정진문으로써 유도하고
혹은 고요한 선정문으로써 유도하며

혹은 결정코 아는 지혜문으로써 유도하고
혹은 행할 바 방편문으로써 유도합니다.

혹은 범왕이 머무는 신통문으로써 유도하고
혹은 사섭四攝의 이익문으로써 유도하며
혹은 복덕과 지혜의 장엄문으로써 유도하고
혹은 인연의 해탈문으로써 유도합니다.

혹은 오근과 오력과 팔정도문으로써 유도하고
혹은 성문의 해탈문으로써 유도하며
혹은 독각의 청정문으로써 유도하고
혹은 대승의 자재문으로써 유도합니다.

혹은 무상한 중고문衆苦門으로써 유도하고
혹은 무아無我·무수자문無壽者門으로써 유도하며
혹은 부정不淨한 이욕문離欲門으로써 유도하고
혹은 멸진삼매문(滅盡定門)으로써 유도합니다.

疏

二에 有五頌은 別顯二十種門이라 供等卽門이니 通入佛果故라

두 번째 다섯 게송이 있는 것은 스무 가지 문[383]을 따로 나타낸
것이다.

공양한다는 등[384]이 곧 문門이니

모두 불과佛果에 들어가는 까닭이다.

---

383 원문에 이십종문二十種門이란, 오게五偈에 각각 사구四句이니 이십종문二十種門이다.

384 원문에 공등供等이란, 혹이공양여래문 등등或以供養如來門 等等이다.

經

隨諸衆生病不同하야 悉以法藥而對治하고
隨諸衆生心所樂하야 悉以方便而滿足케하니다

隨諸衆生行差別하야 悉以善巧而成就케하나니

모든 중생의 병이 같지 아니함을 따라서
다 진리의 약으로써 상대하여 다스리고
모든 중생의 마음에 좋아하는 바를 따라서
다 방편으로써 만족케 합니다.

모든 중생의 행동이 차별함을 따라서
다 선교방편으로써 성취케 하나니

疏

三에 一頌半은 結多所因이니 由四悉檀故라 初半對治요 次半世
界요 隨行差別은 卽當爲人이요 而成就言은 謂第一義라

세 번째 한 게송 반은 다문多門의 원인하는 바를 맺는 것이니
네 가지 실단(四悉檀)을 인유한 까닭이다.
처음에 반 게송은 대치실단이요
다음에 반 게송은 세계실단이요

중생의 행동이 차별함을 따른다고 한 것은 곧 위인為人실단에 해당하
는 것이요

성취케 한다고 말한 것은 말하자면 제일의실단이다.

鈔

初半對治者는 對治文顯이라 隨心所樂은 爲世界者는 順心令喜故라
隨行差別은 即當爲人者는 心行不同하며 生善異故니 如云心寂靜하
면 應教禪定하고 若心明利하면 爲說智慧라하니라 悉以善巧而成就
는 文則連上일새 屬於爲人거늘 第一義者는 謂要見理니 見理方得名
成就耳리라 又成就言은 通於上三이니 前三悉檀이 皆爲見理故니라

처음에 반 게송은 대치실단이라고 한 것은 대치對治는 경문에 나타
나[385] 있다.

마음에 좋아하는 바를 따른다[386]고 한 등은 세계실단이 된다고 한
것은 중생의 마음을 따라 하여금 기쁘게 하는 까닭이다.

중생의 행동이 차별함을 따른다고 한 것은 곧 위인실단에 해당한다
고 한 것은 심행이 같지 아니하며 선법을 생기하는 것이 다른 까닭
이니

만약 말하기를 마음이[387] 고요하려 한다면 응당 선정을 가르치고,

---

385 원문에 문현文顯이란, 초게初偈 중 처음에 이구(初二句)이다.

386 원문에 수심소락隨心所樂이란, 초게初偈 중 아래에 이구(下二句)이다. 소문疏
    文에는 차반次半은 세계世界라 하였다.

만약 마음이 분명하고 영리하려 한다면 지혜를 설한다 하였다.
다 선교방편으로써 성취한다고 한 것은 이 경문이 곧 위에 문장과
연결되었기에 위인실단에 속하거늘 제일의실단이라고 말한 것은
말하자면 진리[388] 보기를 요망하는 것이니,
진리를 보아야 바야흐로 성취한다고 이름함을 얻는 것이다.
또 성취라는 말은 위에 세 가지 실단에 통하는 것이니,
앞에 세 가지 실단이 다 진리를 보기 위한 까닭이다.

---

387 원문에 여운심如云心이라고 한 아래는 앞(前)에 혹이적정선정문或以寂靜禪定
門과 혹이결료지혜문或以決了智慧門을 그윽이 가리키고 있다.

388 여기서 진리란, 제일의제第一義諦이다.

經

如是三昧神通相을 一切天人莫能測이니다

이와 같은 삼매의 신통한 모습을
일체의 하늘과 인간이 능히 측량할 수 없습니다.

疏

四에 半頌은 結用難測이라 五에 現諸法門三昧門은 竟이라

네 번째 반 게송은 작용의 측량하기 어려운 것을 맺는 것이다.

제 다섯 번째 모든 법문을 나타내는 삼매문은 마친다.

經

有妙三昧名隨樂이라 菩薩住此普觀察하고
隨宜示現度衆生호대 悉使歡心從法化하니다

묘한 삼매가 있으니 이름이 수락입니다.
보살이 여기에 머물러 널리 관찰하고
마땅함을 따라 시현하여 중생을 제도하되
다 환희심자로 하여금 진리로 교화함을 따르게 합니다.

疏

第六에 有妙下에 十七頌은 明四攝攝生三昧門이라 文分爲二하리
니 初一偈는 總標名用이라

제 여섯 번째 묘한 삼매가 있다고 한 아래에 열일곱 게송은 사섭법으
로 중생을 섭수하는 삼매문을 밝힌 것이다.
경문을 나누어 두 가지로 하리니
처음에 한 게송은 이름의 작용을 한꺼번에 표한 것이다.

經

劫中饑饉災難時에　　悉與世間諸樂具호대
隨其所欲皆令滿케하야　普爲衆生作饒益이니다

或以飮食上好味와　　寶衣嚴具衆妙物과
乃至王位皆能捨하야　令好施者悉從化하니다

或以相好莊嚴身과　　上妙衣服寶瓔珞과
華鬘爲飾香塗體하야　威儀具足度衆生하니다

一切世間所好尙인　　色相顔容及衣服을
隨應普現愜其心하야　俾樂色者皆從道케하니다

세월(劫) 가운데 주리고 재난이 왔을 때에
세간의 모든 좋아할 기구를 다 주되
그들이 욕망하는 바를 따라서 다 하여금 만족케 하여
널리 중생을 위하여 요익을 짓습니다.

혹은 음식의 최상으로 좋은 맛과
보배 옷과 장엄 기구와 수많은 묘한 물건과
내지 왕위까지 다 능히 버려서
보시하기를 좋아하는 사람으로 하여금 다 교화함을 따르게 합니다.

혹은 삼십이상과 팔십종호로써 장엄한 몸과
최상으로 묘한 옷과 보배 영락과
화만으로 꾸미고 향으로 몸에 발라
위의를 구족하여 중생을 제도합니다.

일체 세간에 좋아하고 바라는[389] 바인
색신의 모습과 얼굴과 그리고 의복을
응함을 따라 널리 그들의 마음에 맞게[390] 나타내어
색신의 모습을 좋아하는 사람으로 하여금 다 도를 따르게 합니다.

疏

餘頌別顯이라 於中分四리니 初四頌은 布施攝이니 初一偈半은 求
受用者에 恣其所須요 次半偈는 求自在者에 施以王位라 又此施
位는 卽難行施니 以是可愛著故라 次偈는 身行法施요 後偈는 妙
色悅心이니 是無畏施라 又後二偈에 初는 身行法儀요 後는 服世
妙飾이니 貴悅物心하야 隨求卽與니라

나머지 게송은 따로 나타낸 것이다.
그 가운데 네 가지로 나누리니
처음에 네 게송은 보시섭이니

---

389 상尙 자는 바라다, 숭상하다의 뜻이다.
390 愜은 '맞을 협' 자이다.

처음에 한 게송 반은 받아 사용하기를 구하는 사람에게 그들이 수구하는 바를 마음껏[391] 주는 것이요

다음에 반 게송은 자재를 구하는 사람에게 왕위를 보시하는 것이다.

또 이 왕위를 보시하는 것은 곧 행하기 어려운 보시이니

이것은 좋아하고 집착하는 까닭이다.

다음에 게송은 몸소 법시를 행하는 것이요

뒤에 게송은 묘한 색신으로 마음을 기쁘게 하는 것이니

이것은 무외시이다.

또 뒤의 두 게송[392]에 처음에 게송은 몸소 법의法儀를 행하는 것이요

뒤에 게송은 세간에 묘하게 꾸민 옷을 입는 것이니

중생의 마음을 귀하게 여기고 기쁘게 하여 구함을 따라 곧 주는 것이다.

鈔

布施攝中에 前二偈는 有兩重釋하니 先은 約財施니 所須王位가 皆屬外財故요 王位는 兼於身命이니 亦屬內財라 又此施位下는 第二重釋이라 次半偈는 可愛著物이니 卽三種難行之一이라 次는 法及無畏니 兼前財三이 爲一切施요 又將後二하야 屬於邃求라 然準瑜伽인댄 六

---

391 자恣는 마음껏, 마음대로의 뜻이다.

392 또 뒤의 두 게송이라 한 등은 처음에 두 게송도 비록 수구邃求 등에 통하지만, 앞에 이미 재시財施에 배속함을 인유한 까닭이다. 역시 『잡화기』의 말이다. 수구 등이란 초문에 있나니 수구, 이세락, 청정 등이다.

度四攝이 各有九門하니 頌云호대 自性一切難과 一切門善士와 一切
種逐求와 二世樂淸淨이라하니 自性皆一이요 一切는 或二或三이요
難行皆三이요 一切門皆四요 善士皆五요 一切種皆六이요 逐求皆七
皆八이요 二世樂皆九요 淸淨皆十이라 四攝은 卽當三十三卷하니 至
十行品하야 更說其相하리라 今疏에 言卽難行者는 以難行有三하니
一은 物少自在施요 二는 可愛著物施요 三은 極大艱難獲財施니 今
當第二難也라 又後二偈者는 是逐求施라 逐求有八하니 一은 匱乏飮
食하야 而求乞者엔 施以飮食이요 二는 匱乏車乘하야 而求乞者엔 施
以車乘이요 三은 乏衣服이요 四는 嚴具요 五는 資生什物이요 六은
種種塗飾香鬘이요 七은 舍宅이요 八은 光明이니 皆如初二句라 會文
可知니라

보시섭 가운데 앞에 두 게송은 양중兩重으로 해석한 것이 있나니
먼저는 재시를 잡은 것이니[393]
수구하는 바 왕위가 다 외재外財에 속하는 까닭이요,
왕위는 몸과 목숨을 겸하였으니 또한 내재內財에도 속하는 것이다.
또 이 왕위를 보시한다고 한 아래는 제 두 번째 중석重釋이다.
다음에 반 게송[394]은 가히 좋아하고 집착할 물건(왕위)이니
곧 세 가지 행하기 어려운 보시[395]의 하나이다.

---

393 먼저 재시財施에 내시內施와 외시外施가 있으니 첫 번째 중석重釋이다.
394 다음에 반 게송이란, 영인본 화엄 5책, p.309, 9행, 내지왕위乃至王位 운운이다.
395 원문에 삼종난행三種難行이란, 재시財施에 삼종난행三種難行이니 신身, 명命,
　　왕위王位이다.

다음[396]은 법시와 그리고 무외시이니

앞에 재시를 겸하여 세 가지 보시가 일체시가 되는 것이요

또 뒤에 두 가지 보시를 가져 수구시遂求施에 배속하였다.

그러나 『유가론』을 기준한다면 육바라밀과 사섭법이 각각 구문九門

이 있나니,

『유가론』 게송에 말하기를

자성과 일체와 난행과

일체 문과 선사善士[397]와

일체종과 수구와

이세락과 청정이다 하였으니

자성은 다 한 가지요,

일체[398]는 혹 두 가지이기도 하고 혹 세 가지이기도 한 것이요,

난행은 다 세 가지요,

일체 문은 다 네 가지요,

선사는 다 다섯 가지요,

일체종은 다 여섯 가지[399]요,

---

396 여기서 다음(次)이란, 먼저 재시財施를 잡음에 상대한 것이다.

397 선사善士는 좋은 일 하는 사람, 선지식, 보살 등이다.

398 일체一切는 영인본 화엄 5책, p.321, 8행에는 일체문一切門이라 하였다.

399 원문에 일체종개육一切種皆六이라고 한 것은 아래 영인본 화엄 5책, p.320,
　　7행에 일체종이행자一切種利行者는 피설혹육혹칠彼說或六或七이라 하였다.
　　피설彼說은 『유가론』이다. 일체종지종一切種之種이란 교법敎法을 말한다.

수구는 다 일곱 가지이기도 하고 다 여덟 가지이기도 한 것이요,

이세락은 다 아홉 가지요,

청정淸淨[400]은 다 열 가지이다.

사섭법은 곧 삼십삼권[401]에 해당하나니

십행품에 이르러 다시 그 모습을 설하겠다.[402]

지금 소문에 곧 행하기 어려운 보시(難行施)라고 말한 것은 행하기 어려운 보시가 세 가지가 있나니,

첫 번째는 보시할 물건이 적지만 자재하게 보시하는 것이요

두 번째는 가히 좋아하고 집착할 물건을 보시하는 것이요

세 번째는 지극히 크게 가난하여 얻기조차 어려운 재물을 보시하는 것이니,

지금에는 제 두 번째 행하기 어려운 보시[403]에 해당한다.

또 뒤에 두 게송이라고 한 것은 이것은 수구시遂求施이다.

수구시에 여덟 가지가 있나니,

『잡화기』에는 皆七이라는 두 글자는 마땅히 皆六이라는 말 아래에 있어야 한다. 아래 一切種利行中 초문과 율자권律字卷 하권 31장을 보라 하였다.

400 청정淸淨은 청정바라밀성취淸淨波羅蜜成就이다.

401 삼십삼권三十三卷은 『유가론』이다.

402 원문에 갱설기상更說其相이란, 指九門也요 非四攝也니, 즉 구문九門을 가리키는 것이고 사섭四攝을 말하는 것이 아니라는 것이다.

403 어려운 보시라고 한 것은 두 번째 가히 좋아하고 집착할 물건(왕위)을 보시하는 것이다.

첫 번째는 음식이 모자라 구걸하는 사람에게는 음식을 보시하는 것이요

두 번째는 수레가 모자라 구걸하는 사람에게는 수레를 보시하는 것이요

세 번째는 의복이 모자라는 사람에게는 의복을 보시하는 것이요

네 번째는 장엄구를 보시하는 것이요

다섯 번째는 생활을 도우는 집물什物[404]을 보시하는 것이요

여섯 번째는 가지가지 바르는 향과 꾸미는 것과 향과 화만을 보시하는 것이요

일곱 번째는 집을 보시하는 것이요

여덟 번째는 광명을 보시하는 것이니

다 처음에 두 구절과 같다.[405]

문장을 회통하면[406] 가히 알 수가 있을 것이다.[407]

---

404 집물什物은 세상살이에 쓰이는 여러 가지 기구器具이다.

405 원문에 여초이구如初二句란, 처음에 두 구절과 같이 나머지 여섯 구절도 문장이 다 갖추어져 있다는 것이다.

406 문장을 회통한다고 한 것은 『잡화기』에 문장을 회통한 즉 반드시 여덟 가지 보시를 다 구족하지는 못하였다고 하였다.

407 문장을 회통한다고 한 것은 두 가지 뜻(二義)이 있다. 첫 번째는 처음에 이구二句와 같이 문장文章을 해석하면 나머지 육구六句도 다 알 수 있다는 것이요, 두 번째는 지금에 경문經文을 회통會通하는 것이니, 지금에 經文에는 一·二·七·八이 없는 까닭이다.

經

迦陵頻伽美妙音과　　俱枳羅等妙音聲과
種種梵音皆具足하야 隨其心樂爲說法하니다

八萬四千諸法門이여 諸佛以此度衆生거늘
彼亦如其差別法을　　隨世所宜而化度니이다

가릉빈가의 아름답고 묘한 음성과
구지라[408] 등 묘한 음성과
가지가지 범천의 음성을 다 구족하여
그들의 마음에 좋아함을 따라서 법을 설합니다.[409]

팔만 사천 모든 법문이여
모든 부처님이 이것으로써 중생을 제도하거늘
저도 또한 그와 같이 차별한 법문으로써
세간에 마땅한 바를 따라 교화하여 제도합니다.

疏

次二頌은 愛語攝이니 一切愛語는 謂慰喩慶悅과 勝益之言이라

---

408 구지라는 초문의 세 번째 화조음和調音이니 『잡화기』의 말이다.
409 여기 제사구第四句는 뒤의 게송에 제사구第四句와 바뀌었다고 소문疏文에는
　　말하고 있다.

다음에 두 게송은 애어섭이니

일체 애어라는 것은 말하자면 위로하여 깨우치게 하는 말과 경사하여 기쁘게 하는 말과 수승하게 이익케 하는 말[410]이다.

鈔

一切愛語等者下는 所列이 卽三愛語이니 一은 慰喩愛語요 二는 慶悅愛語요 三은 勝益愛語라

일체 애어라고 한 등의 아래는 나열한 바가 곧 세 가지 애어이니,
첫 번째는 위로하여 깨우치게 하는 애어요.
두 번째는 경사하여 기쁘게 하는 애어요.
세 번째는 수승하게 이익케 하는 애어이다.

疏

言種種梵音者는 卽八種梵音이니 一은 最好聲이니 其音淸雅가 如迦陵鳥요 二는 易了聲이니 言辭辯了요 三은 和調요 四는 柔軟이요 五는 不誤요 六은 不女요 七은 尊慧요 八은 深遠이라 言俱枳羅者는 亦云都吒迦라하며 此云衆音合和니 微妙最勝은 皆愛語之具라

---

410 위로하여 깨우치게 하는 말이란 곧 세상에 의식과 궤범을 따르는 것이요, 수승하게 이익케 하는 말이란 곧 바른 교법을 따르는 것이니 『유가론』에 말하기를 법교어法敎語라 한 것이다. 본론을 보라. 이상은 『잡화기』의 말이다.

隨心說法은 應在後偈하고 隨世所宜는 應在前偈리라 以瑜伽에
一切愛語가 略有二種하니 一은 隨世儀軌語요 二는 順正法敎語라
하니 今開示佛說八萬法門이 卽順正敎也니라

가지가지 범천의 음성이라고 말한 것은 곧 여덟 가지 범천의 음성
이니
첫 번째는 가장 좋은 음성이니
그 음성이 청아하기가 가릉빈가 새의 음성과 같은 것이요
두 번째는 쉽게 알 수 있는 음성이니
말로써 분별하여 아는 것이요
세 번째는 유화하고 고른 음성이요
네 번째는 부드러운 음성이요
다섯 번째는 착오 없는 음성이요
여섯 번째는 여자 같지 않는 음성이요
일곱 번째는 존엄하고 지혜로운 음성이요
여덟 번째는 깊고 먼 음성이다.

구지라라고 말한 것은 또한 말하기를 도타라 하며 여기에서 말하
면 수많은 음성이 화합한다는 것이니,
미묘한 음성과[411] 가장 수승한 음성은 다 애어愛語의 도구이다.

---

411 미묘한 음성이라 한 등은 여덟 가지 음성을 모두 가리킨 것이라고 『잡화기』는
말한다.

그들의 마음에 좋아함을 따라 법을 설한다고 한 것은 응당히 뒤의 게송에 있어야 하고,

세간에 마땅한 바를 따라 교화하여 제도한다고 한 것은 응당히 앞의 게송에 있어야 할 것[412]이다.

『유가론』에 일체 애어가 간략하게 두 가지가 있나니
첫 번째는 세상에 의식과 규범을 따르는 말이요
두 번째는 정법의 가르침을 따르는 말이다 하였으니[413]
지금에 부처님이 설한 팔만사천법문을 열어 보인 것이 곧 정법의 가르침을 따른 것이다.

鈔

言種種梵音者는 文中具列호대 初二疏釋하고 後六但標라 若釋인댄 應云호대 三調和는 謂大小得中이요 四柔軟者는 言無麤獷이요 五不誤者는 言無錯誤요 六不女者는 其聲雄朗이요 七尊慧者는 言無戰懼요 八深遠者는 臍輪發聲이라 隨心等者는 以後偈說호대 八萬法門이 是順正法教語니 故應合云호대 隨心爲說이요 前偈種種梵音故가 是

---

412 원문에 응재후게應在後偈 운운은 앞에 게송(前偈)의 제사구第四句와 뒤에 게송(後偈)의 제사구第四句가 바뀌었다는 것이다.

413 세상에 의식과 규범을 따르는 말이라고 한 것은 『유가론』에 말하기를 얼굴을 펴고 미소를 머금어 길상한지 안부를 묻는 등이라 한 것이고, 정법의 가르침을 따르는 말이라고 한 것은 『유가론』에 말하기를 정법의 가르침에 상응하는 말로 유정을 이익케 하는 것이다 하였다. 역시 『잡화기』의 말이다.

隨世儀軌니 合言호대 隨世所宜而化誘리라

가지가지 범천의 음성이라고 말한 것은 소문 가운데 갖추어 열거하되 처음에 두 가지만 소문에서 해석하고, 나머지 여섯 가지는 다만 표標하기만 하였다.

만약 해석한다면 응당 말하기를 세 번째 유화하고 고른 음성이라고 한 것은 말하자면 큰 소리도 작은 소리도 아닌 중간을 얻는 것이요

네 번째 부드러운 음성이라고 한 것은 말소리가 거칠거나 모질지[414] 않는 것이요

다섯 번째 착오 없는 음성이라고 한 것은 말소리가 착오가 없는 것이요

여섯 번째 여자 같지 않은 음성이라고 한 것은 그 음성이 웅장하고 낭랑한 것이요

일곱 번째 존엄하고 지혜로운 음성이라고 한 것은 말소리가 두려워 떨지[415] 않는 것이요

여덟 번째 깊고 먼 음성이라고 한 것은 단전에서 음성을 내는 것이다.

그들의 마음에 좋아함을 따른다고 한 등은 뒤의 게송에 말하기를 팔만사천법문이라고 한 것이 이것이 정법의 가르침을 따르는 말이니.

---

414 獷은 '사나울 광, 모질 광' 자이다.
415 원문에 전구戰懼는 두려워 떨면서 말하는 것이다.

그런 까닭으로 응당 합당히 말하기를 마음을 따라 설한다고 해야
할 것이요

앞의 게송에 가지가지 범천의 음성이라고 한 까닭이[416] 이것이 세상에
의식과 규범을 따르는 말이니,

합당히 말하기를 세간에 마땅한 바를 따라서 교화하여 유도한다고
해야 할 것이다.

---

416 故 자를 『잡화기』는 마땅히 軌 자와 合 자 사이에 있어야 한다고 하였다.

經

衆生苦樂利衰等과　一切世間所作法을
悉能應現同其事하야 以此普度諸衆生하니다

一切世間衆苦患이　深廣無涯如大海어늘
與彼同事悉能忍하야 令其利益得安樂하니다

중생의 고·락과 이利·쇠衰 등과
일체 세간에 짓는 바 법을
다 능히 응대하여 나타내되 그 일을 같이하여
이것으로써 널리 모든 중생을 제도합니다.

일체 세간의 수많은 고통과 근심이
깊고도 넓어 끝이 없는 것이 큰 바다와 같거늘
저로 더불어 그 일을 같이하되 다 능히 참아
그 중생으로 하여금 이익케 하고 안락을 얻게 합니다.

疏

三에 有二頌은 明同事攝이니 物見菩薩이 俯同其事하고 知有義利
하야 而修行故라 於中初頌은 一切同事니 八風等事를 皆悉同故요
後偈는 難行同事니 忍於諸苦하고 而同事故라

세 번째 두 게송이 있는 것은 동사섭을 밝힌 것이니

중생은 보살이 숙이어 그 일을 같이함을 보고 의리가 있는 줄 알아

수행하는 까닭이다.

그 가운데 처음에 게송은 일체 그 일을 같이하는 것이니

팔풍八風[417] 등의 일을 다 같이하는 까닭이요

뒤에 게송은 행하기 어려운 그 일을 같이 하는 것이니

모든 고통을 참고 그 일을 같이하는 까닭이다.

鈔

初頌一切同事者는 瑜伽同事는 不擧別相하고 但同上利行을 卽名
同事이니 故利行居先이요 則事同利衰等을 爲一切也니 等取毁譽稱
譏苦樂이라 忍於諸苦等者는 難行有三호대 亦無別相하고 卽同三利
行을 爲三難行同事니 謂一은 諸未行勝善根因한 諸有情所에 行利
行이요 二는 現在耽著廣大財位와 衆具圓滿한 諸有情所에 行利行이
요 三은 於外道本異한 執邪見邪行所에 行利行이니 同事例耳니라
今於上三同事호대 皆須忍苦니라

처음에 게송은 일체 그 일을 같이하는 것이라고 한 것은 『유가론』에
동사섭은 별상別相을 거론하지 않고 다만 위에 이행섭과 같은 것을[418]

---

417 팔풍八風이란, 이리·쇠衰·훼毁·예譽·칭稱·기譏·고苦·락樂이다.

418 다만 위에 이행섭과 같은 것이라고 한 등은 저 『유가론』에는 먼저 이행섭을
말하고 뒤에 동사섭을 말하는 까닭이다. 대개 이익에 나아가는 행을 말하여

곧 동사섭이라 이름하나니
그런 까닭으로 이행섭이 먼저 있는 것이요,
곧 그 일에 이·쇠 등을 같이하는 것을 일체라 하나니
훼·예·칭·기·고·락을 등취[419]한 것이다.

모든 고통을 참는다고 한 등은 행하기 어려운 것이 세 가지가 있으되
또한 별상이 없고 곧 세 가지 이행섭과 같은 것을 세 가지 행하기
어려운 동사섭이라 하나니,
말하자면 첫 번째는 모든 수승한 선근의 원인을 아직 행하지 아니한
모든 유정의 처소에[420] 이행利行을 행하는 것이요
두 번째는 현재에 광대한 재물과 지위와 수많은 도구가 원만함에
탐착한 모든 유정의 처소에 이행을 행하는 것이요
세 번째는 외도의 본래 다른 삿된 소견[421]과 삿된 행을 하는 처소에

중생에게 권하여 하여금 행하게 하는 것은 이름이 이행섭이 되고, 오직 다른 사람에게 권하여 하여금 행하게 할 뿐만 아니라 스스로도 또한 숙이고 그 일을 같이 하는 것은 그 이름이 동사섭이 되는 것이다. 이상은 다 『잡화 기』의 말이다.

419 등취라고 한 것은 저 『유가론』 가운데 이·쇠 등이라는 글자를 가리킨 것이니, 대개 위에 이행섭도 또한 팔풍에 이 이행을 행하는 까닭으로 지금에는 다만 그 사실을 같이 하는 것만 거론하였을 뿐 따로 그 모습(別相)을 거론한 것은 없다. 역시 『잡화기』의 말이다.

420 유정소 "에" 토이고, 소所 자 아래에 『유가론』엔 능能 자가 있다.

421 외도의 본래 다른 삿된 소견이라고 한 등은 『유가론』에 말하기를 모든 외도가 본래 다른 도의 삿된 소견과 삿된 행을 하는 모든 중생의 처소에

이행을 행하는 것이니

동사섭의 예일 뿐이다.[422]

지금에는 위에 세 가지 행하기 어려운 그 일을 같이하되 다 반드시
고통을 참는 것이다.

집착하는 것이다 하고, 또 해석하여 말하기를 무슨 까닭인가. 저 외도가
자기 종宗에 어리석어 집착하는 까닭이며, 정법율正法律에 증오하여 등지고
집착하는 까닭이다 하였다. 역시 『잡화기』의 말이다.

[422] 동사섭의 예일 뿐이라고 한 것은 위의 삼단에서 이행利行이라는 글자를
낱낱이 동사同事라는 글자로 바꾸어 놓으면(붙이면) 곧 그 뜻이 쉽게 보일
것이다(나타날 것이다). 역시 『잡화기』의 말이다.

經

若有不識出離法하야 不求解脫離諠憒인댄
菩薩爲現捨國財하고 常樂出家心寂靜하니다

家是貪愛繫縛所니 欲使衆生悉免離케할새
故示出家得解脫하야 於諸欲樂無所受하니다

만약 어떤 사람이 벗어나는 법을 알지 못하여
시끄러움을 떠나는 해탈을 구하지 않는다면
보살이 그 사람을 위하여 나라와 재물을 버리고
항상 즐겁게 출가하여 마음이 고요하기를 시현합니다.

집은 탐욕과 애락이 얽혀 있는 처소이니
중생으로 하여금 다 면하여 떠나게 하고자 하기에
그런 까닭으로 출가하여 해탈을 얻어
모든 탐욕과 애락이 받을 바가 없는 것임을 시현합니다.

疏

四에 有八頌은 明利行攝이니 謂說趣義利之行하야 以益有情이라
於中初二偈는 一切利行이니 此有三種이라 一은 於現法利에 勸導
利行이니 謂令以德業으로 招守財位하야 以益近故니 經文略無요
二는 於後法利行이니 謂勸捨財位하고 淸淨出家니 卽當初偈요

三은 於現法後法利行이니 謂勸離欲이니 卽後偈也라 又初一偈는
卽難行利行이니 此自有三이라 一에 不識出離는 卽外道異執이요
二에 不求解脫은 卽未種善因이요 三에 現捨國財는 誘耽財位니
於此利行을 是謂難行이라

네 번째 여덟 게송이 있는 것은 이행섭을 밝힌 것이니,
말하자면 의리義利에 나아가는 행을 설하여 유정을 이익케 하는
것이다.
그 가운데 처음에 두 게송은 일체 이익케 하는 행[423]이니
여기에 세 가지가 있다.
첫 번째는 현법現法의 이익에 타일러 인도하여 이익을 행하게 하는
것[424]이니,
말하자면 덕업德業으로써 하여금[425] 재물과 지위를 불러 지켜 이익을
가깝게 하는 까닭이니
경문에는 생략되어 없는 것이요

---

423 원문에 일체이행一切利行이란, 영인본 화엄 5책, p.311에 구문九門에 일체一切
이다.

424 현법의 이익에 타일러(권하여) 인도하여 이익을 행하게 하는 것이라고 한
것은 『유가론』에 말하기를 이것을 인유하여 능히 다른 사람으로 하여금
광대한 명칭과 그리고 현법의 즐거움(現法樂)을 얻게 하는 것이다 하였다.
역시 『잡화기』의 말이다.

425 덕업으로써 하여금이라고 운운한 것은 『유가론』에 갖추어 말하기를 바로
법의 덕업으로 타일러 인도하여 재물과 지위를 불러 모아 수호하고 증장케
하는 것이다 하였다. 역시 『잡화기』의 말이다.

두 번째는 후법後法에 이익을 행하게 하는 것[426]이니,
말하자면 재물과 지위를 버리고 청정한 출가를 권하는 것이니
곧 처음 게송에 해당하는 것이요
세 번째는 현법과 후법에 이익을 행하게 하는 것[427]이니,
말하자면 탐욕을 버리기를 권하는 것이니 곧 뒤의 게송이다.

또 처음에 한 게송은 곧 행하기 어려운 이익을 행하는[428] 것이니
여기에 스스로 세 가지가 있다.
첫 번째 벗어나는 법을 알지 못한다고 한 것은 곧 외도가 달리
집착하는 것이요
두 번째 해탈을 구하지 않는다고 한 것은 곧 아직 좋은 원인을
심지 아니한 것이요
세 번째 나라와 재물을 버리는 것을 시현한다고 한 것은 재물과

---

426 후법에 이익을 행하게 한다고 한 것은『유가론』에 말하기를 이것을 인유하여
능히 하여금 결정코 후법의 안락함을 얻게 하는 것이니, 반드시 현법에
안락을 얻게 하는 것은 아니다 하였다. 역시『잡화기』의 말이다.

427 현법과 후법의 이익을 행하게 한다고 한 것은『유가론』에 말하기를 이것을
인유하여 능히 하여금 저 현법 가운데 몸이 가볍고 편안함을 얻고 마음도
가볍고 편안함을 얻어 안락하게 머물고, 저 후법 가운데 혹 정거천淨居天에
태어나며 혹 무여의열반계無餘依涅槃界 가운데서 반열반한다 하였다. 역시
『잡화기』의 말이다.

428 원문에 난행이행難行利行이란, 영인본 화엄 5책, p.311에 구문九門에 난행難行
이다.

지위에 탐착하는 것을 유인해 내는 것이니,

여기에 이익을 행하는 것을 이것을 행하기 어렵다 말하는 것이다.

菩薩示行十種行하며 亦行一切大人法과
諸仙行等悉無餘는　爲欲利益衆生故니다

보살이 열 가지 행을 행하며
또한 일체 대인의 법과
모든 선인의 행등을 다 남김없이 행함을 시현한 것은
중생을 요익케 하고자 하기 위한 까닭입니다.

次一偈一句는 卽攝二利行이니 一은 卽十種淸淨利行也요 二는
令離十惡이니 卽此世他世樂利行이라 次三句는 卽善士利行이니
慈心勸導等故라

다음에 한 게송에 처음 구절은 곧 두 가지 이행利行을 섭수하였으니,
첫 번째는 곧 열 가지 청정한 이익을 행하는[429] 것이요
두 번째는 하여금 십악을 버리게 하는 것이니
곧 이 세상과 저 세상에 즐겁게 이익을 행하는[430] 것이다.

---

[429] 원문에 청정이행淸淨利行은 영인본 화엄 5책, p.311에 구문九門에 청정淸淨
이다.

[430] 원문에 차세타세락이행此世他世樂利行은 영인본 화엄 5책, p.311에 구문九門
에 이세락二世樂이다.

다음에 세 구절은 선사善士가 이익을 행하는[431] 것이니
자비심으로 타일러 인도하는 등인 까닭이다.

鈔

一卽十種淸淨利行等者는 謂一은 依外淸淨이 有五하고 二는 依內淸
淨有五하니 依外五者는 一은 無罪利行이요 二는 不轉利行이요 三은
漸次요 四는 遍行이요 五는 如應이니 論에 廣釋其相이라 依內五者는
一은 謂諸菩薩이 於諸有情에 起廣大悲하야 意樂現前하야 而行利行
이요 二는 諸菩薩이 於諸有情의 所作義利에 雖受一切의 大苦劬勞나
而心無倦하고 深心歡喜하야 爲諸有情하야 而行利行이요 三은 安處
最勝한 第一財位나 而自謙下를 如子如僕하며 及離憍慢하야 而行利
行이요 四는 心無愛染하며 無有虛僞하고 眞實哀愍하야 而行利行이
요 五는 起畢竟에 無復退轉하는 慈愍之心하야 而行利行이라 次三句
는 卽善士利行者는 善士有五하니 一은 於眞實義에 勸導有情이요
二는 於應時勸導요 三은 於能行에 攝勝妙義하야 勸導요 四는 於有情
에 柔軟勸導요 五는 於有情에 慈心勸導니 此之五相은 皆是大人之
法이라 慈心勸導는 擧後等初니라

첫 번째는 곧 열 가지 청정한 이익을 행하는 등이라고 한 것은
말하자면 첫 번째는 밖을 의지한[432] 청정이 다섯 가지가 있고,

---

431 원문에 선사이행善士利行은 영인본 화엄 5책, p.311에 구문九門에 선사善士
이다.

두 번째는 안을 의지한 청정이 다섯 가지가 있나니
밖을 의지한 다섯 가지라고 한 것은 첫 번째는 죄가 없는 이익을
행하는 것이요
두 번째는 전변하지 않는 이익을 행하는 것이요
세 번째는 점차의 이익을 행하는 것이요
네 번째는 두루 행하는 이익을 행하는 것이요
다섯 번째는 응함과 같이 이익을 행하는 것이니
『유가론』에 그 모습을 널리 해석하였다.

안을 의지한 다섯 가지라고 한 것은 첫 번째는 말하자면 모든 보살이
모든 유정에게 광대한 자비를 일으켜 마음에 즐거움이 앞에 나타나
이로운 행을 행하는 것이요
두 번째는 모든 보살이 모든 유정이 지은 바 의리에 비록 일체
큰 고통과 힘들고[433] 수고함을 받지만 마음은 게으름이 없고 깊은
마음으로 환희하여 모든 유정을 위하여 이로운 행을 행하는 것이요
세 번째는 가장 수승한 제일의 재물과 지위에 편안히 거처하지만
스스로 겸손하고 하심하기를 자식과 같이 하고 종과 같이 하며[434]
그리고 교만을 떠나 이로운 행을 행하는 것이요

---

432 원문에 의외依外의 依 자는 對의 뜻이 더 강하다. 아래 두 번째(下二)에
   의내依內의 依 자도 그렇다.
433 劬는 '힘들 구' 자이다.
434 원문에 여자여복如子如僕이라고 한 것은 아버지 앞에 아들같이, 상전 앞에
   종같이 한다는 것이다.

네 번째는 마음에 애욕의 더러움이 없으며 거짓이 없고 진실로
어여삐 여겨 이로운 행을 행하는 것이요
다섯 번째는 필경에 다시 물러남이 없는 자민심慈愍心을 일으켜
이로운 행을 행하는 것이다.

다음에 세 구절은 곧 선사가 이익을 행하는 것이라고 한 것은 선사가
다섯 가지가 있나니
첫 번째는 진실한 뜻에 유정을 타일러 인도하는 것이요
두 번째는 응할 때에 타일러 인도하는 것이요
세 번째는 능히 수행할 때에 수승하고 묘한 뜻을 섭수하여 타일러
인도하는 것이요
네 번째는 유정에게 부드럽게 타일러 인도하는 것이요
다섯 번째는 유정에게 자비심으로 타일러 인도하는 것이니,
이 다섯 가지 모습은 다 대인의 법이다.[435]
자비심으로 타일러 인도한다고 한 것은 뒤를 들어 처음을 등취한
것이다.[436]

---

435 다 대인의 법이라고 한 것은 경문 가운데 모든 선인의 행이라 한 것이
대인의 행을 벗어나지 않는 까닭이다. 역시 『잡화기』의 말이다.
436 뒤를 들어 처음을 등취한 것이라고 한 것은 선사의 다섯 가지 가운데 최후의
자비심으로 최초의 진실한 뜻에 유정을 등취한다는 것이다.

經

若有衆生壽無量하며 煩惱微細樂具足인댄
菩薩於中得自在하야 示受老病死衆患하니다

或有貪欲瞋恚癡하야 煩惱猛火常熾然인댄
菩薩爲現老病死하야 令彼衆生悉調伏케하니다

만약 어떤 중생이 수명이 한량이 없으며
번뇌가 적고 즐거움만 구족하였다면
보살이 그 가운데 자재함을 얻어
늙고 병들고 죽는 수많은 근심 받는 것을 시현합니다.

혹 어떤 중생이 욕심내고 성내고 어리석어
번뇌의 맹렬한 불길이 항상 치성한다면
보살이 늙고 병들고 죽는 것을 나타내어
저 중생으로 하여금 다 조복케 합니다.

疏

次二偈는 卽遂求利行이니 謂衆生이 爲八纏所繞인댄 開解令離케
할새 故名遂求니라 初偈는 卽化無愧纏이니 以恃壽長하고 不知進
修하며 不知此身이 但婬欲生하야 終竟敗壞하고 具諸煩惱故니라
後偈는 開解無慚纏衆生이라 餘略不具하니라

다음에 두 게송은 곧 구하는 것을 이루게 하는[437] 이익을 행하는
것이니,

말하자면 중생이 여덟 가지 번뇌(八纏)에 얽혀 싸인 바가 되었다면
열어 풀어서 하여금 떠나게 하기에 그런 까닭으로 구하는 것을
이루게 한다고 이름한 것이다.

처음에 게송은 곧 무괴無愧의 번뇌에 얽힌 중생을 교화하는 것이니
수명이[438] 긴 것만을 믿고 나아가 수행할 줄 알지 못하며,

이 몸이[439] 다만 음욕으로 생겨나 필경에 무너지고 모든 번뇌만
구족하는 줄 알지 못하는 까닭이다.

뒤에 게송은 무참無慚의 번뇌에 얽힌 중생을 열어 풀어 주는 것이다.
나머지는 생략하고 갖추어 해석하지 아니하였다.

鈔

初爲八纏者는 論云호대 此略有八하니 謂諸菩薩이 見諸有情의 於應
慚處에 爲無慚纏之所纏繞인댄 方便開解하야 令離彼纏케하니라 一
은 無慚纏이요 二는 無愧요 三은 昏沈이요 四는 睡眠이요 五는 掉擧요
六은 惡作이요 七은 嫉이요 八은 慳이니 皆如無慚纏說하니라

---

437 구하는 것을 이루게 한다고 한 것은 이미 열어 풀어서 하여금 떠나게 하였다면
　　곧 저가 그 구하는 바를 이룬 까닭으로 구하는 것을 이루게 한다고 말한
　　것이다. 역시 『잡화기』의 말이다.
438 수명 운운은 제일구第一句를 해석한 것이다.
439 이 몸 운운은 제이구第二句를 해석한 것이다.

처음에 여덟 가지 번뇌에 얽힌 것이라고 한 것은 『유가론』에 말하기를 여기에 간략하게 여덟 가지 번뇌에 얽힌 것이 있나니,[440] 말하자면 모든 보살이 모든 유정의 응당 부끄러워해야 할 곳에 부끄러움이 없는 번뇌에 얽혀 싸인 바를 본다면 방편으로 열어 풀어서 하여금 저 번뇌에 얽힌 것을 떠나게 하는 것이다.

첫 번째는 무참의 번뇌[441]요,

두 번째는 무괴[442]의 번뇌요,

세 번째는 혼침의 번뇌요,

네 번째는 수면의 번뇌요,

다섯 번째는 도거의 번뇌요,

여섯 번째는 악작惡作의 번뇌요,

일곱 번째는 질투의 번뇌요,

여덟 번째는 간탐의 번뇌이니

다 무참의 번뇌에서 설한 것과 같다.

---

440 有八 아래에(下) 구행九行에 一은 無慚纏이라는 말이 있어야 한다.

441 一은 無慚纏이라는 말은 팔행八行의 有八 아래에 있어야 옳다. 왜냐하면 위제보살운운謂諸菩薩云云은 무참전無慚纏의 설명이기에 그렇다. 북장경北藏經에는 아예 구행九行의 彼纏 아래에 一은 無慚纏이라는 말이 없고 二는 無愧 운운이라 하였다. 그리고 여기에 초문(今鈔) 최하구最下句에 皆如無慚纏說이라고 한 것이 그 증거다.

442 무참이라고 한 것은 수치심을 알지 못하는 것이고, 무괴라고 한 것은 불선심不善心을 숨기는 것이니 『대법수』오십장, 초 3행에 나타나 있다. 역시 『잡화기』의 말이다.

經

如來十力無所畏와　及以十八不共法과
所有無量諸功德을　悉以示現度衆生하니다

記心敎誡及神足이　悉是如來自在用이어늘
彼諸大士皆示現하야 能使衆生盡調伏하니다

여래의 십력과 사무소외와
그리고 십팔불공법과
소유하신 한량없는 모든 공덕을
다 시현하여 중생을 제도합니다.

기심과 교계와 그리고 신족이
다 여래의 자재하신 작용이거늘
저 모든 대사가 다 시현하여
능히 중생으로 하여금 다 조복케 합니다.

疏

次二偈는 卽一切種利行이니 初偈는 卽應攝受者는 而攝受之요
後偈는 卽應調伏者는 而調伏等이라

다음에 두 게송은 일체종으로 이익을 행하는 것이니

처음에 게송은 곧 응당 섭수할 사람은 섭수하는 것이요
뒤에 게송은 곧 응당 조복할 사람은 조복하는 등이다.

鈔

卽一切種利行者는 彼說호대 或六或七하니 總有十三이라 六者는 一
은 應攝受者는 正攝受之요 二는 應調伏者는 正調伏之요 三은 憎背聖
敎者는 除其恚惱요 四는 處中住者는 令入聖敎요 五는 於三乘中에
令其成熟이요 六은 已成熟者로 令得解脫이라 云何七種고 謂諸菩薩
이 安處一分의 所化有情하야 於善資糧을 守護長養이니 所謂一은
依下乘出離요 二는 依大乘出離요 三은 於遠離요 四는 於心一境性이
요 五는 於淸淨諸障이요 六은 於二乘에 而正安處요 七은 於無上正等
菩提에 而得安處라

곧 일체종으로 이익을 행하는 것이라고 한 것은 저 『유가론』에
말하기를 혹 여섯 가지이기도 하고 혹 일곱 가지이기도 하나니,
모두 열세 가지가 있다.
혹 여섯 가지라고 한 것은 첫 번째는 응당 섭수할 사람은 바로
섭수하는 것이요
두 번째는 응당 조복할 사람은 바로 조복하는 것이요
세 번째는 성인의 가르침을 미워하여 등진 사람은 그의 성냄과
뇌로워함을 제거하는 것이요
네 번째는 중간에 거처하여 머무는 사람443은 하여금 성인의 가르침에

들어가게 하는 것이요

다섯 번째는 삼승 가운데 머무는 사람은 그로 하여금 성숙케 하는
것이요

여섯 번째는 이미 성숙한 사람으로 하여금 해탈을 얻게 하는 것이다.

어떤 것이 일곱 가지인가.

말하자면 모든 보살이 일분一分의 교화할 바 유정⁴⁴⁴에게도 편안히
거처하면서 좋은 자량資糧을 수호하여 장량케 하는 것이니,

말하자면 첫 번째는 하승下乘을 의지하여 벗어나게 하는 것이요

두 번째는 대승을 의지하여 벗어나게 하는 것이요

세 번째는 저 멀리 떠나게⁴⁴⁵ 하는 것이요

네 번째는 저 마음이 경계와 하나인 자성에 머물게 하는 것이요

다섯 번째는 저 모든 업장을 청정하게 하는 것이요

---

443 중간에 거처하여 머무는 사람(處中之中)이란, 첫 번째는 성교聖敎를 등진
     것도 아니고 등지지 아니한 것도 아닌 사람, 두 번째는 성교聖敎 중에 있는
     사람. 여기서 성교聖敎란, 삼승교三乘敎이다. 『잡화기』에는 비록 미워하여
     등진 것은 아니지만 아직 성인의 가르침에 들어감을 얻지 못하였다면 곧
     이것은 중간에 거처하여 머물고 있는 사람이다 하였다.

444 원문에 일분소화유정一分所化有情이라고 한 것은 소화유정所化有情이 아닌
     것을 상대하여 말한 것이다. 『잡화기』는 일분은 오히려 일류一類라 말할
     것이다 하였다.

445 멀리 떠난다고 한 것은, 첫 번째는 삼계를 멀리 떠난다는 것이고, 두 번째는
     혹업惑業을 멀리 떠난다는 것이다.

여섯 번째는 저 이승에게 바로 편안히 거처하게 하는 것이요
일곱 번째는 무상정등보리에 편안히 거처함을 얻게 하는 것이다.

經

菩薩種種方便門으로 隨順世法度衆生호미
譬如蓮華不著水하야 如是在世令深信케하니다

보살이 가지가지 방편문으로
세간의 법을 따라 중생을 제도하는 것이
비유하자면 연꽃에 물이 묻지 않는 것과 같아서
이와 같이 세간에 있으면서 하여금 깊이 믿게 합니다.

疏

後一偈는 卽一切門利行이니 謂不信令信故며 亦總結諸利行也라

뒤에 한 게송은 일체 문으로 이익을 행하는 것이니
말하자면 믿지 않는 사람으로 하여금 믿게 하는 까닭이며,
또한 모든 이익 행하는 것을 모두 맺는 것이다.

鈔

後一偈는 卽一切門利行等者는 此略有四하니 一은 不信令信이요 二
는 犯戒有情으로 令戒圓滿이요 三은 惡慧有情으로 令慧圓滿이요 四
는 慳悋有情으로 於捨圓滿이니 今疏文中엔 略擧其一이라

뒤에 한 게송은 곧 일체 문으로 이익을 행하는 것이라고 한 등은
여기에 간략하게 네 가지 뜻이 있나니
첫 번째는 믿지 않는 사람으로 하여금 믿게 하는 것이요
두 번째는 계를 범한 중생으로 하여금 계를 원만히 지키게 하는
것이요
세 번째는 나쁜 지혜를 가진 중생으로 하여금 지혜를 원만히 가지게
하는 것이요
네 번째는 아끼는 중생으로 하여금 버리기를 원만히 버리게 하는
것이니,
지금의 소문 가운데는 생략하고 그 하나446만을 들었을 뿐이다.

疏

瑜伽엔 廣說利行하야 居先하고 略明同事하야 居後어늘 此則先略
明同事者는 以利行中에 若以行勸修인댄 與愛語相近하고 若自
示行인댄 卽同事相近하나라 同事는 卽是利行이요 利行은 未必同
事나 此二相近일새 廣略互影耳라 又次下三昧도 亦同事故라 六에
四攝攝生三昧門는 竟이라

『유가론』에는 이행섭을 폭넓게 설하여447 먼저 두고 동사섭을 간략하

---

446 그 하나란, 一에 불신영신不信令信이다.
447 원문에 유가광설이행瑜伽廣說利行 운운은, 『유가론瑜伽論』에는 보시布施·애
　어愛語·이행利行·동사同事라 하고, 여기(此) 『청량소淸涼疏』에는 보시布施·

게 밝혀 뒤에 두었거늘, 여기에는 곧 동사섭을 간략하게 밝힌 것을
먼저 둔 것은 이행섭 가운데[448] 만약 이행으로써 타일러 수행하게
한다면 애어로 더불어 서로 가깝고, 만약 스스로 이행을 보인다면
곧 동사와 서로 가깝기 때문이다.

동사는 곧 이행이고 이행은 반드시 동사는 아니지만, 이 두 가지가
서로 가깝기에 폭넓게 설하고 간략하게 밝히는 것을 서로 영략[449]하였
을 뿐이다.

또 이 다음 아래에 삼매문[450]도 또한 동사섭인 까닭이다.

애어愛語・동사同事・이행利行이라 하였다.

448 이행섭 가운데라고 운운한 것은 그 뜻에 말하기를 이행섭이 이미 애어와
　　가깝고 동사와 가까운 뜻이 있다고 하였다면 곧 동사는 곧 이행이지만,
　　그러나 이행은 반드시 동사는 아니기에 곧 이것은 이행과 동사가 다만
　　서로 가까울 뿐 진실로는 다름이 있는 것이다. 그런 까닭으로 지금 경에
　　그 다른 뜻을 나타내고자 하기에 그런 까닭으로 먼저 동사를 밝히고 뒤에
　　바야흐로 이행을 말한 것이다. 만약 동사가 뒤에 있다면 곧 이행으로 더불어
　　서로 같을 것이니 이 동사가 이미 곧 이행인 까닭이다. 그런 까닭으로
　　반드시 먼저 있어야 다른 뜻이 이에 나타나는 것이다. 저 『유가론』은 곧
　　동사를 이미 별상으로 거론하지 아니한 까닭으로 다만 이행 가운데 동사를
　　밝혔으니, 동사가 뒤에 있는 것은 그 뜻이 같은 뜻임을 나타내고자 한 것이
　　분명하다 하겠다. 그러나 곧 이 경은 먼저는 간략하게 말하고 뒤에는 폭넓게
　　말하였으며, 저『유가론』은 먼저 폭넓게 말하고 뒤에는 간략하게 말하였기에
　　그런 까닭으로 서로 영략하였을 뿐이라고 말한 것이다. 이상은 『잡화기』의
　　말이다.

449 원문에 영影 자는 소본엔 창彰으로 되어 있다.

450 원문에 차하삼매次下三昧라고 한 것은 영인본 화엄 5책, p.323, 말행末行에
　　부동세간삼매문俯同世間三昧門이라 한 것이다. 『잡화기』에는 그 뜻에 말하기

여섯 번째 사섭으로 중생을 섭수하는 삼매문은 마친다.

를 서로 혼동이 있을까 염려하는 까닭이다 하였다.

經

雅思淵才文中王이요 歌舞談說衆所欣이니
一切世間衆技術을　譬如幻師無不現하니다

或爲長者邑中主하고 或爲賈客商人導하며
或爲國王及大臣하고 或作良醫善衆論하니다

或於曠野作大樹하고 或爲良藥衆寶藏하며
或作寶珠隨所求하고 或以正道示衆生하니다

若見世界始成立에　衆生未有資身具인댄
是時菩薩爲工匠하야 爲之示現種種業하니다

不作逼惱衆生物하고 但說利益世間事하며
呪術藥草等衆論인　如是所有皆能說하니다

一切仙人殊勝行을　人天等類同信仰인댄
如是難行苦行法을　菩薩隨應悉能作하니다

맑은 생각과 깊은 재주는 문장 가운데 왕이요
노래와 춤과 말하는 것은 중생이 좋아하는 바이니
일체 세간에 수많은 기술을
비유하자면 요술쟁이가 나타내지 못함이 없는 것과 같습니다.

혹은 장자가 되기도, 읍성 가운데 주인이 되기도 하고
혹은 사는 사람이 되기도, 파는 사람의 인도자가 되기도 하며
혹은 국왕이 되기도, 그리고 대신이 되기도 하고
혹은 좋은 의사가 되기도, 수많은 담론을 잘하는 사람이 되기도
합니다.

혹은 광야에 큰 나무가 되기도 하고
혹은 좋은 약이 되기도, 수많은 보배 창고가 되기도 하며
혹은 보배 구슬이 되어 구하는 바를 따르고
혹은 바른 길로써 중생에게 보이기도 합니다.

만약 세계가 처음 성립될 때에
중생이 아직 자신을 도우는 기구가 없음을 본다면
이때에 보살이 공장工匠이 되어
그 중생을 위하여 가지가지 업을 시현합니다.

중생을 핍박하고 뇌롭게 하는 물건은 만들지 말고
다만 세간을 이익케 하는 일만 말하며
주술과 약초 등 수많은 논리인
이와 같이 소유한 것도 다 능히 말합니다.

일체 선인의 수승한 행을
사람과 하늘 등의 무리가 다 같이 신앙한다면

이와 같이 행하기 어려운 고행의 법을
보살은 응대함을 따라 다 능히 합니다.

疏

第七에 雅思下에 十七頌은 俯同世間三昧門이라 於中三이니 初六
은 身同世間하야 利益衆生호대 若依若正을 無不示爲니라

제 일곱 번째 맑은 생각이라고 한 아래에 열일곱 게송은 숙이어
세간과 같게 하는 삼매문이다.
그 가운데 세 가지가 있나니
처음에 여섯 게송은 몸을 세간과 같이 하여 중생을 이익케 하되
혹은 의보와 혹은 정보를 시현하지 아니함이 없는 것이다.

經

或作外道出家人하고 或在山林自勤苦하며
或露形體無衣服하야 而於彼衆作師長하니다

或現邪命種種行하야 習行非法以爲勝하며
或現梵志諸威儀하야 於彼衆中爲上首하니다

或受五熱隨日轉하고 或持牛狗及鹿戒하고
或著壞衣奉事火하야 爲化是等作導師하니다

或有示謁諸天廟하고 或復示入恒河水하며
食根果等悉示行하야 於彼常思已勝法케하니다

或現蹲踞或翹足하며 或臥草棘及灰上하며
或復臥杵求出離하야 而於彼衆作師首하니다

如是等類諸外道에 觀其意解與同事호대
所示苦行世靡堪을 令彼見已皆調伏케하니다

혹은 외도의 출가한 사람이 되기도 하고
혹은 산림에 있으면서 스스로 부지런히 고행하기도 하며
혹은 형체를 드러내어[451] 의복이 없게도 하여

---

451 원문에 혹로형체或露形體라고 한 것은 나형외도裸形外道와 같이, 즉 지금의

저 대중에게 스승과 존장이 되기도 합니다.

혹은 사명邪命의 가지가지 행을 나타내어
비법非法을 익혀 행함으로써 수승함을 삼기도 하며
혹은 범지의 모든 위의를 나타내어
저 대중에게 상수가 되기도 합니다.

혹은 오열五熱⁴⁵²을 받아 태양을 따라 구르기도 하고
혹은 우계牛戒와 구계狗戒와 그리고 녹계鹿戒⁴⁵³를 가지기도 하며
혹은 헤진 옷을 입고 불을 받들어 섬기기도 하여
이런 사람 등을 교화하기 위하여 도사가 되기도 합니다.

혹 어떤 때는 모든 하늘의 사당을 배알함을 시현하기도 하고
혹은 다시 항하 강물에 들어감을 시현하기도 하며
나물 뿌리와 나무 과실을 먹는 등에 다 수행을 시현하기도 하여
저 대중에게 항상 자기의 수승한 법을 생각케도 합니다.

자이나교도 같은 모습이다.

452 오열五熱이란, 오체五體를 태우는 것으로, 외도外道들이 하는 수행修行의
한 종류(一類)이다.

453 우계牛戒, 구계狗戒, 녹계鹿戒는 탄허『신화엄경합론新華嚴經合論』12책, p.49,
1행을 참고하라. 『불교사전』, p.642, p.70, p.128 참조. 즉 외도들이 소나
개나 사슴이 하는 행동과 먹는 것을 따라하면 천상에 태어난다고 하는
말을 믿고 그대로 지키고 하는 것을 우계牛戒 등이라 한다.

혹은 쭈그리고 앉음[454]을 나타내기도 하고 혹은 발을 들기도 하며
혹은 풀숲이나 가시덤불에 눕기도 하고 그리고 재를 뒤집어쓰기도
하며
혹은 다시 절굿공이에 누워 벗어남을 구하기도 하여
저 대중에게 으뜸가는 스승이 되기도 합니다.

이와 같은 등 무리의 모든 외도에게
그들의 마음에 아는 것을 관찰하여 더불어 같이 일을 하되
시연한 바 고행에 세상 사람들이 감당할 수 없는 것을
저 외도로 하여금 보게 한 뒤에 다 조복케 합니다.

疏

次六은 示同外道하야 救彼邪黨이라 初五는 別辨이요 後一은 總結
이니 義如別說이라

다음에 여섯 게송은 외도와 같이함을 시현하여
저 외도의 삿된 무리들을 구원하는 것이다.
처음에 다섯 게송은 따로 분별[455]한 것이요
뒤에 한 게송은 모두 맺는 것이니 그 뜻은 별설[456]과 같다.

---

454 蹲은 쭈그릴 준. 踞는 쭈그릴 거(혹 무릎을 세우고 앉음).
455 원문에 별변別辨은 세간世間과 같게 하는 것을 따로 말한 것이다.
456 원문에 별설別說은 외도外道들의 경전經典에 설한 것과 같다.

經

衆生迷惑稟邪敎하야 住於惡見受衆苦인댄
爲其方便說妙法하야 悉令得解眞實諦하니다

중생이 미혹하여 외도의 삿된 가르침을 품 받아
나쁜 소견에 머물러 수많은 고통을 받는다면
그들을 위하여 방편으로 묘법을 설하여
다 하여금 진실한 진리를 얻어 알게 합니다.

疏

三에 衆生迷惑下에 五頌은 明語業大用이니 初一은 總明이요 次三은 別顯이요 後一은 總結이라

세 번째 중생이 미혹하여 외도의 삿된 가르침을 품 받는다고 한
아래에 다섯 게송은 어업語業의 큰 작용을 밝힌 것이니,
처음에 한 게송은 한꺼번에 밝힌 것이요
다음에 세 게송은 따로 나타낸 것이요
뒤에 한 게송은 모두 맺는 것이다.

經

或邊呪語說四諦하고 或善密語說四諦하며
或人直語說四諦하고　或天密語說四諦하니다

分別文字說四諦하고 決定義理說四諦하며
善破於他說四諦하고 非外所動說四諦하니다

或八部語說四諦하고 或一切語說四諦하며
隨彼所解語言音하야 爲說四諦令解脫케하니다

혹은 변방의 주문 말로 사제를 설하기도 하고
혹은 좋은 비밀 말로 사제를 설하기도 하며
혹은 사람의 곧은 말로 사제를 설하기도 하고
혹은 하늘의 비밀 말로 사제를 설하기도 합니다.

분별하는 문자로 사제를 설하기도 하고
결정된 의리로 사제를 설하기도 하며
다른 사람을 잘 깨뜨리는 말로 사제를 설하기도 하고
외도에게 동요하는 바가 되지 않는 말로 사제를 설하기도 합니다.

혹은 팔부신장의 말로 사제를 설하기도 하고
혹은 일체 말로 사제를 설하기도 하며
저들이 아는 바 말소리를 따라서

사제를 설하기도 하여 하여금 해탈케 합니다.

疏

次別中云호대 或邊呪語者는 梵云達邏鼻茶曼達邏鉢底鞸라하니
라 言達邏鼻茶者는 是南印度中에 邊國名也니 此云消融이요 曼
達邏者는 呪也요 鉢底鞸者는 句也니 謂其國人은 稟性純質하야
凡所出言이 皆成神呪라 若隣國侵害인댄 不用兵仗하고 但以言
破之라도 彼自喪滅일새 故曰消融呪句也라하니라 或云唯童男童
女라사 方得言成呪句하고 餘不得也라하니라 又天密語等者는 婆
沙七十九說호대 世尊有時에 爲四天王하야 以聖語說四諦한대 二
王領解하고 二不能解어늘 世尊憐愍故로 以南印度邊國俗語로
說四諦하시니 二天王中에 一解一不解라 世尊憐愍故로 復以一
種의 篾戾車語로 說四聖諦한대 時四天王이 皆得領解라하니라

다음에 따로 나타낸 가운데 말하기를 혹은 변방의 주술 말이라고
한 것은 범어에 말하기를 달라비다 만달라 발저비라 하였다.
달라비다라고 말한 것은 남인도 가운데 변방 나라의 이름이니
여기에서 말하면 사라져 융해시킨다(消融)⁴⁵⁷는 것이요
만달라라고 한 것은 주문(呪)이라는 것이요
발저비라고 한 것은 글(句)이라는 것이니,

---

457 消는 사라질 소, 融은 녹을 융이니 사라져 용해됨(사라져 融解됨), 녹아서
흩어짐의 뜻이다.

말하자면 그 나라 사람들은 품성이 순박하고 발라서 무릇 설출하는
바 말이 다 신비한 주문을 이루는 것이다.

만약 인근의 나라가 침공하여 해치려 한다면 병장기를 쓰지 않고
다만 말로써만 그들을 쳐부수어도 저들이 스스로 죽거나 사라지기
에 그런 까닭으로 말하기를 사라져 융해시키는 주문의 글이라 한
것이다.

혹은 말하기를 오직 동남·동녀라야 바야흐로 말이 주문의 글을
이룸을 얻고 나머지 사람들은 얻을 수 없다 하였다.

또 하늘의 비밀 말이라고 한 등은 『대비바사론』칠십구권에 말하기
를 세존이 어떤 때에 사천왕을 위하여 성스러운 말로써 사제를
설하신대 두 천왕은 알아듣고 두 천왕은 알아듣지 못하거늘, 세존이
어여삐 여긴 까닭으로 남인도 변방의 나라 속어俗語로써 사제를
설하시니

두 천왕 가운데 한 천왕은 알아듣고 한 천왕은 알아듣지 못하였다.
세존이 어여삐 여긴 까닭으로 다시 일종의 멸려차어蔑戾車[458]語로써
사성제를 설하신대 그때에 사천왕이 다 알아들음을 얻었다 하였다.

鈔

婆沙七十九者는 彼云毘奈耶說호대 世尊有時에 爲四天王하야 以南
印度邊國俗語로 說四聖諦하시니 謂醫泥迷泥瑜部達喋剌요 蔑戾

---

[458] 멸려차蔑戾車는 변지邊地, 하천한 사람, 야만인이라고 해석한다.

車語로 說四聖諦하시니 謂摩奢都奢僧攝摩薩縛怛囉毘剌達이라하
고 論引淨名圓音하야 爲難거늘 下釋有七하니 一은 云有作是說호대
佛以聖語로 說四聖諦하사 能令一切의 所化有情으로 皆得領解어니
何以作此等語說고할새 答爲滿彼意故며 彼天欲聞故라하니라 下並
取意引之하리라 二는 復次世尊이 欲顯於諸言音을 皆能善解故니 爲
有疑호대 佛不能餘語等이라 三은 復次有所化者는 依佛不變形言하
야 而得受化하며 有所化者는 依佛轉變形言하야 而受化者라 四는
復有說者호대 佛以一音으로 說四聖諦하사 不能令一切의 所化有情
으로 皆得領解니 世尊이 雖有自在神力이나 而於境界를 不能改越호
미 如不能令耳로 見諸色等이라 通圓音云인댄 不須通이니 非三藏故
라 諸讚佛頌이 言多過實하니 如常在定하야 不睡眠等이 皆過實也라
五는 復次如來言音이 遍諸聲境하사 隨所欲語하야 皆能作之일새 故
復伽陀로 作如是說이라 六은 復次佛語輕利하사 速疾轉故라 故云佛
以一音演說法하면 衆生各各隨所解라하니라 七은 復次如來言音이
雖有多種이나 而同有益일새 故說一音이라하니라 釋曰然上七解에
前三可通이요 後四淺近이니 即彼小乘三藏說故니라 箋戾車者는 三
藏云惡中惡이라하며 亦云奴中奴라하니 皆義翻耳니라

『대비바사론』칠십구권이라고 한 것은 저 논에 말하기를 비나야에
말하되 세존이 어떤 때에 사천왕을 위하여 남인도 변방의 나라
속어로써 사성제四聖諦를 설하시니, 말하자면 의니·미니·유부·달
접자요[459]
멸려차어로써 사성제를 설하시니 말하자면 마사도사·승섭마·살박

달라·비자달[460]이라 하고 『비바사론』에 『정명경』의 원음圓音을 인용
하여[461] 비난하거늘 그 아래 해석한 것이 일곱 가지가 있나니,
첫 번째는 말하기를 어떤 사람이 이런 말을 하되 부처님이 성스러운

---

[459] 『비바사론』을 기준한다면 의니는 고苦, 미니는 집集, 유부는 멸滅, 달접자는
도道, 마사도사는 고, 승섭마는 집, 살박달라는 멸, 비자달은 도이다.

[460] 마사도사는 고이고, 승섭마는 집이고, 살박달라는 멸이고, 비자달은 도이니
『비바사론』의 해석에 비록 이 네 가지 이름을 세우지 않았으나 해석한
뜻은 이와 같을 것이다. 역시 『잡화기』의 말이다.

[461] 『비바사론』에 『정명경』의 원음을 인용하였다고 한 것은 비난하는 사람이
『정명경』의 일음一音(원음圓音)으로써 비내야 (비니)의 모든 말을 비난하니,
『대비바사론』에 물어 말하기를 세존이 사천왕을 위하여 사성제를 설한
말이 유력有力이 되는가 무력無力이 되는가. 만약 유력이 된다면 무슨 까닭으
로 두 성인이 (부처님과 정명거사) 말을 함에 첫 번째는 담라국曇羅國(남인도
변방의 나라)의 미차어彌車語(멸려차어, 즉 야만인의 말. 속어)로 말을 합니까.
만약 무력이 된다면 본사게本師偈(『정명경』 게송)를 어떻게 통송通頌하여
말하기를 한 음성으로 설법하여 / 다 두루 음성의 뜻을 이루니 / 저들이
각각 이런 생각을 하되 / 최승으로 우리들을 위하여 설하신다 하였으니,
이 일곱 가지 해석 가운데 앞에 삼단은 유력으로써 답한 것이니 그 뜻에
말하기를 부처님의 진실한 일음이 정명이 읊은 바와 같지만 비내야 가운데
모든 말로써 설한 것은 다 근기를 따른 까닭이다. 뒤에 사단은 무력으로써
답한 것이니 그 뜻에 말하기를 부처님은 원음으로 설하는 것이 아니라
마땅히 모든 말로써 설하는 것이니, 저 『정명경』에 읊은 바는 곧 다만 이
지극히 진실함을 말한 것뿐이니 이것은 대개 두 사람이 답하지 못한 까닭이
다. 그러나 『비바사론』 가운데는 이 가운데 제 일곱 번째 해석이 없고
다만 여섯 가지 해석만 있을 뿐이다. 또 이 가운데 앞에 세 가지는 저
가운데 뒤에 있고 이 가운데 뒤에 세 가지는 저 가운데 처음에 있으나
해석한 뜻은 곧 이와 같다. 이상은 『잡화기』의 말이다.

말로써 사성제를 설하여 능히 일체 교화할 바 유정으로 하여금
다 알아들음을 얻게 하였거니 무슨 까닭으로 이런 등의 모든 말[462]을
하는가 하기에, 답하기를 저들의 뜻[463]을 만족케 하기 위한 까닭이며
저 하늘이 듣고자 하는[464] 까닭이다 하였다.

이 아래는 모두 뜻을 취하여 인용하겠다.

두 번째는 다시 세존이 모든 말소리를 다 능히 잘 알아들음을 나타내
고자 한 까닭이니,

어떤 사람이 의심하기를 부처님이 나머지 말에는 능하지 못하는
것이 아닌가 한 등이다.

세 번째는 다시 어떤 교화할 바 사람은 부처님의 변하지 않는 형상과
말을 의지하여 교화 받음을 얻으며,

어떤 교화할 바 사람은 부처님의 전변하는 형상과 말을 의지하여
교화를 받는 것이다.

네 번째는 다시 어떤 사람이 말하기를[465] 부처님이 일음一音으로써

---

462 이런 등의 모든 말이란, 변주어邊呪語·인직어人直語·천밀어天密語 등등이다.
463 저들의 뜻이라고 한 것은 사천왕의 뜻을 가리킨 것이니, 저 두 번째와
   세 번째는 성스러운 말을 듣고자 하는 까닭으로 성스러운 말로써 설한
   등이다. 저 하늘이 듣고자 한다고 한 구절은 바로 위의 구절에 저들의
   뜻(彼意)이라 한 말을 해석한 것이니 따라서 의고意故"니" 토이다. 이상은
   『잡화기』의 말이다. 意故"니" 토도 좋으나 나는 意故"며" 토로 해석하였다.
464 저 하늘이 듣고자 함이란, 곧 천밀어天密語를 설한 이유를 말하고 있다.
465 다시 어떤 사람이 말하였다고 한 것은 한 사람이 답한 바가 아님을 나타내는
   것이다. 『비바사론』에 말하기를 다시 어떤 사람이 말하기를 답하여 말하면
   부처님의 말은 무력無力이니 무슨 까닭인가. 부처님은 일음으로써 운운하여

사성제를 설하여 능히 일체 교화할 바 유정으로 하여금 다 능히
알아들음을 얻게 할 수 없나니,

세존이 비록 자재한 신통력이 있지만 저 경계를 능히 고쳐 넘지
못하는 것이 마치 능히 귀로 하여금 모든 색을 보지 못하게 하는
등과 같다.

원음圓音을 통석하여 말한다면[466] 통석함을 수구하지 않나니 삼장三
藏이 아닌 까닭[467]이다.

모든 찬불 게송이 말이 지극히 진실함이 많나니, 항상 삼매에 있어서
수면睡眠치 않는 것과 같은 등이 다 지극히 진실(過實)[468]한 것이다.

다섯 번째는 다시 여래의 말소리가 모든 소리의 경계에 두루하여
하고자 하는 바 말을 따라 다 능히 말을 짓기에 그런 까닭으로

여기서 말한 것과 같다. 역시 『잡화기』의 말이다.

[466] 원음을 통석하여 말한다고 한 것은 비난하여 말하기를 만약 그렇다면 저
찬불 게송을 다시 어떻게 통석해야 하는가 하기에 그런 까닭으로 여기에
통석한 것이다. 답불啻不이라 한 답啻은 연衍이 마땅하다 통석을 수구하지
않는다(반드시 통석할 필요는 없다)고 한 것은 저 찬불 게송은 이 대승의
지극히 진실한 말이니 나의 소승 삼장 가운데 말이 아니기에 그런 까닭으로
족히 통석을 수구하지 않는다는 것이다. 또 삼장이 아니라고 한 것은 저
원음의 게송은 소승삼장교 가운데 말이 아니다. 이 모든 말로 사제를 설한
것은 이에 소승교의 뜻이니 어찌 가히 대승교 가운데 원음의 지극히 진실한
뜻으로써 비난하는가. 그런 까닭으로 통석을 수구하지 않는다는 것이다.
通圓音云 네 글자(四字)는 초문鈔文에서 보탠(加) 것이다.

[467] 삼장三藏 운운은, 此偈는 소승小乘의 삼장三藏이 아닌 까닭이다.

[468] 원문에 과실過實은 지나칠 정도로 진실함이 많다. 즉 지실至實이니 지극한
진실함이다.

다시 가타伽陀⁴⁶⁹로써 이와 같은 말을 짓는 것이다.

여섯 번째는 다시 부처님의 말이 가볍고 예리하여 빨리 전변하는⁴⁷⁰
까닭이다.

그런 까닭으로 말하기를⁴⁷¹ 부처님이 일음으로써 법을 연설하면
중생이 각각 부류를 따라 알아듣는 바다 하였다.

일곱 번째는 다시 여래의 말소리가 비록 다양한 종류가 있지만
그러나 유익하게 하는 것은 같기에 그런 까닭으로 일음一音으로써
설한다 하였다.

해석하여 말하면 그러나 위의 일곱 가지 해석에 앞에 세 가지는⁴⁷²
가히 원음으로 통석한 것이요

뒤에 네 가지는 천근淺近⁴⁷³으로 해석한 것이니,

---

469 가타라고 한 것은『정명경』의 게송을 가리킨 것이니, 저『정명경』의 게송에
　　말한 원음(일음)이라는 말은 그 뜻이 여래의 음성이 경계를 따라 능히 짓는
　　것을 말한 것일지언정 다만 이 일음만을 말한 것이 아니다. 역시『잡화기』의
　　말이다.

470 빨리 전변한다고 한 등은『비바사론』에 말하기를 세존의 말이 지극히 빨라
　　한마디 말을 마침에 다시 한마디 말을 하는 것이 마치 일시에 하는 것과
　　흡사한 까닭이다 하였다. 역시『잡화기』의 말이다.

471 그런 까닭으로 말하기를 운운한 것은『비바사론』에서 인용한『정명경』의
　　말이다.

472 앞에 세 가지 운운은 가히 원음으로 통석한 것이라고 한 것은 앞에 세
　　가지는 가히 대승에 통하는 것이니 부처님의 진실한 공덕을 나타낸 까닭이요,
　　뒤에 네 가지는 소승 가운데 설함이 있는 까닭으로 천근이라 말한 것이다.
　　역시『잡화기』의 말이다.

473 淺近者는 不許圓音故로 淺近也니, 즉 천근이라고 한 것은 원음을 허락하지

곧 저 소승 삼장으로 설한 것이다.

멸려차라고 한 것은 삼장법사가 말하기를 악중의 악이다 하였으며
또한 종 가운데 종이다 하였으니
다 뜻으로 번역한 것일 뿐이다.

疏

善破於他者는 以因明比量等으로 眞能破故요 非外所動者는 眞
能立故로 不爲他破니라

다른 사람을 잘 깨뜨리는 말이라고 한 것은 인명학에 비량比量 등으로
써 진실로 능히 깨뜨리는 까닭이요
외도에게 동요하는 바가 되지 않는 말이라고 한 것은 진실한 말을
능히 세우는 까닭으로 저 외도에게 깨뜨려지는 바가 되지 않는
것이다.

않는 까닭으로 천근이라 하는 것이다.

經

所有一切諸佛法을　皆如是說無不盡하야
知語境界不思議하시니 是名說法三昧力이니다

소유한 일체 모든 불법을
다 이와 같이 설하기를 다하지 아니함이 없이 하여
말의 경계가 사의할 수 없음을 알게 하시니
이것이 이름이 설법삼매의 힘입니다.

疏

後一偈는 類結이니 非唯說四諦라 六度萬行等皆然하니 一心說
法하야 得語實性하야 能起隨類之用이 名三昧力이라 七에 俯同世
間三昧門은 竟이라

뒤에 한 게송은 비류하여 맺는 것이니
오직 사제만 설하였을 뿐만 아니라 육도만행 등도 다 그렇게 설하였
으니, 일심으로 법을 설하여 말의 진실한 성품을 얻어 능히 중생의
유형을 따르는 작용을 일으키는 것이 이름이 삼매의 힘인 것이다.

일곱 번째 숙이어 세간과 같게 하는 삼매문은 마친다.

청량 징관(淸涼 澄觀, 738~839)

중국 화엄종의 제4조.

절강성浙江省 월주越州 산음山陰 사람으로, 속성은 하후夏侯, 자는 대휴大休, 탑호는 묘각妙覺이다.

11세에 출가하여 계율, 삼론, 화엄, 천태, 선 등을 비롯, 내외전을 두루 수학하였다. 40세(777년) 이후 오대산 대화엄사에 머물면서 『화엄경』을 여러 차례 강설하였으며, 이를 토대로 『대방광불화엄경소』 60권, 『대방광불화엄경수소연의초』 90권을 저술하고 강의하였다. 796년에는 반야삼장의 『40권 화엄경』 번역에 참여하였고, 덕종에게 내전에서 화엄의 종지를 펼쳤다. 덕종에게 청량국사淸涼國師, 헌종에게 승통청량국사僧統淸涼國師라는 호를 받는 등 일곱 황제의 국사를 지냈다.

저서로 『화엄경주소華嚴經註疏』, 『화엄경수소연의초華嚴經隨疏演義鈔』, 『화엄경강요華嚴經綱要』, 『화엄경략의華嚴經略義』, 『법계현경法界玄鏡』, 『삼성원융관문三聖圓融觀門』 등 400여 권이 있다.

관허 수진貫虛 守眞

1971년 문성 스님을 은사로 출가, 1974년 수계, 해인사 강원과 금산사 화엄학림을 졸업하고, 운성, 운기 등 당대 강백 열 분에게 10년간 참문수학하였다.

1984년부터 수선안거 10년을 성만하고, 1993년부터 7년간 해인사 강원 강주로 학인들을 지도하였다.

대한불교조계종 교육위원, 역경위원, 교재편찬위원, 중앙종회의원, 범어사 율학승가대학원장 및 율주를 역임하였다.

현재 부산 승학산 해인정사에 주석하면서, 대한불교조계종 고시위원장, 단일계단 계단위원·존증아사리, 동명대학교 석좌교수, 동명대학교 세계선센터 선원장 등의 소임을 맡고 있다.

청량국사화엄경소초 32 - 현수품 ①

초판 1쇄 인쇄 2023년 7월 10일 | **초판 1쇄 발행** 2023년 7월 24일
청량 징관 **찬술** | 관허 수진 **현토역주** | **펴낸이** 김시열
펴낸곳 도서출판 운주사

(02832) 서울시 성북구 동소문로 67-1 성심빌딩 3층

전화 (02) 926-8361 | 팩스 0505-115-8361

ISBN 978-89-5746-740-4 94220
ISBN 978-89-5746-592-9 (총서) 값 23,000원

http://cafe.daum.net/unjubooks 〈다음카페: 도서출판 운주사〉